니체의
자존감 수업

일러두기

프리드리히 니체의 저서 『차라투스트라는 이렇게 말했다』에 나오는 Zarathustra는
표준어가 '자라투스트라'지만, 본 도서에서는 국내에서 좀 더 보편적이고 친숙하게
쓰이는 '차라투스트라'로 표기했다.

니체의
자존감 수업

사이토 다카시 지음 | 황미숙 옮김

• 니체에게 배우는 나를 사랑하고 긍정하는 기술 •

현대
지성

거의 150년 전 니체는 "신은 죽었다"라고 선언하며 신을 아예 사랑의 대상에서 제외해버렸습니다. 그래서 과감히 신을 버리고 스스로를 사랑하는 자유를 선택했더니 홀연 견딜 수 없는 고독이 밀려옵니다. 그런데 니체는 또 우리에게 스스로 자신의 고독 속으로 뛰어들라고 등을 떠밉니다. 혼란스러워하는 우리에게 이 책의 저자는 기꺼이 '단독자'가 되라고 권유합니다. 자신의 존재를 상대적 비교 잣대로 평가하며 스스로 자존감을 떨어뜨리는, 외롭고 나약한 '고독자'가 아니라 혼자만의 시간을 즐기는 고고한 사람이 되라는 겁니다. 니체는 우리가 삶에서 자존감을 얻는 세 단계를 낙타, 사자, 어린아이에 비유합니다. 때로는 자기 비하의 '무한 루프'에 빠져 고통과 괴로움을 느끼며 힘겹게 사회 규범을 배워가는 '낙타의 시기' 즉 '수행의 시기'에서 끝내 자아를 획득하고 자유 의지를 구현해내는 '사자의 시기'를 거쳐 '어린아이의 시기'에 이르면 온전히 자신을 긍정하고 새로운 가치를 만들어내며 자유롭게 놀 수 있게 된답니다.

『일류의 조건』과 『단독자』 등으로 우리 독자들에게도 친숙한 일본 메이지대학교 사이토 다카시 교수는 이 책 『니체의 자존감 수업』에서 흔히 '철학자들의 철학자'로 불리는 니체의 명언들을 '북극성'에 비유하며 우리 삶 곳곳에 귀중한 이정표를 세워줍니다. 이 책은 특히 니체의 두 대표 저서 『차라투스트라는 이렇게 말했다』와 『즐거운 학문』의 충실한 톺아보기입니다. 단숨에 읽어치우지 말고 성경이나 불경처럼 머리맡에 두고 매일 조금씩 야금야금 읽으십시오. 근거 없는 자만감이나 어쭙잖은 자존심이 아니라 당당하고 아름다운 자기애와 자존감이 결국 타인과 세상 모든 걸 사랑하는 삶으로 승화하는 소중한 경험을 얻을 겁니다.

ㅇ **최재천** | 이화여대 에코과학부 석좌교수, 생명다양성재단 이사장

니체 사상의 핵심인 "자신을 사랑하라"라는 표현이 저자의 간결한 설명으로 확실하게 다가옵니다. 니체의 말을 스스로 반복하다 보면 빠르고 단단하게 일상을 마주할 힘을 얻습니다. 겸손이 미덕인 세상이지만, 자기 자신을 칭찬하고 자랑하는 것만큼 자신을 사랑하는 좋은 방법도 없습니다. 자신을 사랑하는 사람은 타인을 향한 시기와 질투가 없고 긍정적인 인생을 살아갑니다. 그리고 자신을 사랑할 때 비로소 타인을 사랑할 수 있습니다. 니체는 우리에게 바로 그 교훈을 가르칩니다. 그래서 이 책을 추천합니다.

○ **박문호** | 『뇌, 생각의 출현』, 『빅히스토리 공부』 저자

'신은 죽음', '초인', '아모르 파티', '힘에의 의지', '영원 회귀' 등은 널리 알려진 니체 철학의 개념들입니다. 그런데 니체는 이러한 개념들을 통해 궁극적으로 무엇을 말하고자 했을까요? 그것은 바로 "나는 누구인가?"라는 물음입니다. 내가 선택한 이 길이 나 자신에게 맞는 진정한 길인지, 이 방향이 진정한 행복에 이르는 길인지 혼란스러울 때가 종종 찾아옵니다. 대부분 사람은 부모, 배우자, 자식, 사회인과 같은 여러 가지 페르소나를 갖고 있습니다. 자신의 정체성은 이렇게 제도화된 사회적 역할에 맞게 길들어졌습니다. 타인과 비교하면서 스스로 콤플렉스에 갇히고 성장이 멈추는 일이 흔히 벌어집니다. 이렇게 진정한 자기를 찾지 못한 채 타인의 욕망에 걸맞은 모습으로 살고 있습니다. 니체는 말합니다. "너는 너 자신이 되어야 한다." 인간의 삶 그 자체가 진정한 자기 자신을 찾아가는 과정이라는 것입니다. 진정한 자기 자신이란 '나다움'을 의미합니다. 먼저 나 자신이 내 삶의 주인이 되어야 한다는 것입니다. 자신만의 가치를 만들고 나답게 사는 것이 니체가 제시한 건강한 자존감을 소유한 '초인의 삶'입니다.

『니체의 자존감 수업』에는 누구보다 자기 자신을 사랑하는 것, 타인과 비교하지 말고 나만의 길을 걸어갈 것, 인생을 긍정적으로 기분 좋게 살 것, 고독이라는 자유를 만끽할 것, 어린아이처럼 창조적인 나만의 세계를 만들 것, 고통을 받으면서도 강인하게 살 것, 자신의 인생에 감사할 것, 노예의 삶이 아닌 진정한 자유를 추구하는 삶을 누릴 것, 지금 이 순간을 긍정할 것, 강력한 힘에의 의지를 실감해볼 것 등 삶을 사랑하고 주인으로 살라는 니체 철학의 다양한 방법이 담겨 있습니다. 이 책은 내 삶을 제대로 사랑하고 싶은 독자에게 니체 철학에서 건져 올린 주옥같은 아포리즘과 통찰로 '나를 사랑하는 기술'을 안내할 것입니다. "너는 이 삶을 다시 한번, 무수히 반복해서 다시 살기를 원하는가?"라는 니체의 질문에, 이제 "그래, 그렇다면 한 번 더"라고 외칠 수 있게 될 것입니다.

○ **장재형** | 『마흔에 읽는 니체』 저자, 세렌디피티 인문학 연구소 대표

지금 우리에게 필요한 '니체'라는 극약 처방

프리드리히 니체의 대표작 『차라투스트라는 이렇게 말했다』가 세상에 나온 지 벌써 150년도 넘었습니다. 그런데도 그 매력이 시들기는커녕 빛을 더하고 있으니 놀라울 따름이지요. 니체의 책은 시대를 막론하고 오늘날이야말로 니체를 읽어야만 한다는 평가를 받을 정도로 독자들의 마음을 사로잡아왔습니다.

저 역시 40년이 넘도록 줄곧 니체를 읽어왔지만, 읽을 때마다 신선한 감동을 맛보곤 합니다. 그래서 매년 대학 신입생들에게 『차라투스트라는 이렇게 말했다』 읽기 과제를 내고 있습니다. 읽고 감명을 받은 말을 10개 정도 골라 자신의 경험과 연결해 이야기해보게

합니다. 700쪽이 넘는 대작이지만 학생들은 모두 제대로 읽고 자신의 것으로 만들었습니다.

여러분 중에는 읽어보기도 전에 니체는 너무 어렵다며 지레 겁을 먹는 분도 있을 것입니다. 하지만 이제는 제대로 음미해보지도 않고 덮어버리는 일이 없길 바랍니다. 책을 읽으면 분명 마음을 사로잡는 니체의 말을 만나게 될 거니까요. 그렇다면 왜 지금 이 시대에 니체를 읽어야 할까요? 본론으로 들어가기에 앞서 그 이유를 대략적으로 설명해보겠습니다.

자존감을 높여준다

매일 학생들을 만나면서 스스로 자신감을 갖지 못한 채 인생에 대한 불안과 혼란에 시달리고 있는 젊은이들이 많다는 걸 느낍니다. 사회인이라고 해서 다를 바 없지요. 한마디로 말해 '자존감'이 결여되어 있습니다. 항간에 자존감을 주제로 한 책들이 넘쳐나는 것은 그만큼 스스로 자신감을 갖지 못하는 사람들이 늘어나고 있다는 현실을 반영합니다. 이런 사람들에게 니체의 말은 마음의 강장제처럼 작용합니다. 젊은이들이 친숙하게 느끼는 SNS에서 대량으로 유통되고 사라져버리는 가벼운 말들과는 달리 매우 진중하고 깊이 있는 말들이기 때문이지요.

우선 '나는 인생이라는 커다란 바다를 항해하는 작은 배'라고 상상해보길 바랍니다. 이때 제대로 닻을 내리는 방법을 배우지 못하고 출항한다면 어떻게 될까요? 물밀듯이 밀려오는 거친 파도에 휩쓸리며 자기가 원하는 바와 상관없이 떠다닐 수밖에 없습니다. SNS 속에서 자아를 잃은 채 자신감을 상실하고 허우적대는 사람들의 모습처럼 말입니다.

하지만 닻을 내리는 방법을 배우면 상황은 전혀 달라집니다. 원하지 않는 파도가 온다면 닻을 내리고 그곳에 멈출 수 있습니다. 타고 싶지 않은 파도가 오면 닻을 올리고 노를 저어서 가면 그만입니다. 평화로운 파도를 만끽하고 싶다면 그 흐름에 몸을 맡기며 자기 마음대로 항해를 즐길 수 있지요. 니체의 말은 그런 닻이 되어줍니다. 산도 있고 골짜기도 있는 굴곡진 인생에서 흔들리는 마음을 다잡아줍니다. 조금 더 자신을 믿어라, 조금 더 자신을 강하게 만들어라, 더 높은 관점을 가지라는 강한 말들로 말입니다.

시대가 변했는데도 오늘날까지 전해지는 말에는 고민에 빠진 사람들에게 해결의 실마리가 되거나, 마음이 약해진 사람들에게 용기를 주는 힘이 있습니다. 예를 들면, 플라톤이 쓴 소크라테스의 말,『신약성경』에 기록된 예수의 말, 불교의 창시자인 석가모니의 말,『논어』에 실린 공자의 말처럼 말입니다. 이 책들은 2,000년 내지 2,500년이라는 시간을 거쳐 지금도 우리에게 생생하게 말하고 있습니다. 하지만 너무 고전이다 보니 살짝 어렵게 느껴지는 부분이 있을지도 모르겠습니다. 그런 점에서 니체는 시대적인 간극도 크지 않고, 대표적인 현대사상이므로 현대인들의 감각에 잘 맞습니다.

게다가 같은 철학책이더라도 하이데거나 후설의 글처럼 난해하지도 않고, 사물의 본질을 꿰뚫는 짧은 한마디 한마디가 직접적으로 마음에 다가옵니다. 그래서 더 이해하기 쉽지요. 맞습니다. 니체는 '아포리즘의 달인'입니다.

니체는 자존감이 낮은 사람들에 대한 이해가 깊습니다. 이 점 역시 오늘날 우리가 니체의 말에 공감하기 쉬운 이유입니다. "신은 죽었다"라는 충격적인 말이 나오는 『차라투스트라는 이렇게 말했다』에서 니체는 기독교를 부정합니다. 기독교의 진리는 선善이므로 모두 천상의 세계에 있고, 지상에 사는 인간은 자기를 사랑하고 긍정하기 힘든 상황에 놓여 있다는 주장이 잘못되었다고 생각하기 때문입니다. 인간을 하찮은 존재로 치부하고, 신을 무조건 훌륭한 존재로 숭배하는 그런 비굴함을 인간이 초월해야 한다는 것입니다.

니체의 강력한 말 한마디 한마디는 '어차피 나 같은 게…'라며 위축되어 약해진 정신을 든든히 일으켜 세우는 지팡이가 되어 자존감을 높여줍니다. 니체의 말에는 자신감을 갖지 못하는 사람들에게 용기를 주는 힘이 있습니다. 그 어느 때보다 자존감이 낮아지기 쉬운 오늘날 니체를 읽어야만 하는 가장 중요한 이유가 바로 여기에 있습니다.

SNS에서 소용돌이치는 '언어폭력'으로부터 거리를 두자

'나는 하찮은 존재'라고 생각하면 버릇처럼 열등감을 느끼게 되고, 질투심과 시기심, 삐뚤어진 감정이 생겨나기 쉽지요. 결과적으로 늘 자신을 남과 비교하거나 우울해하거나 비굴한 태도를 갖고, 반대로 고압적으로 행동하기도 합니다. 또는 자신보다 조금이라도 높은 곳에 있는 사람의 발목을 잡기도 하고, 자신이 뜻하는 바에 방해가 되는 사람이 있으면 자신에게 동조하도록 압력을 가하는 경우도 있습니다.

이런 모든 행위는 볼썽사납고 부끄러운 일입니다. 니체가 가장 싫어하는 '인간이 지닌 치졸함의 극치'라고 할 수 있습니다. 안타깝게도 SNS의 세계에서 이러한 모습이 자주 눈에 띕니다. 예를 들면, 일반적으로 얼굴을 마주 볼 때는 상대방을 매도하거나 헐뜯거나 비방하는 일은 거의 없습니다. 하지만 SNS에서는 익명으로 소통하기 때문에 아무렇게나 떠들어대기 일쑤입니다. 정말로 품격 떨어지는 비난과 매도가 이어지는 경우가 상당히 많지요. 이런 언어폭력에 상처 받고 자존감을 상실하는 사람이 얼마나 많나요!

하지만 니체를 읽으면 중상모략이 난무하는 세계로부터 거리를 두고자 하는 마음이 생깁니다. 니체의 말을 빌리면 SNS란 "하찮은 인간성이 드러나기 쉬운 곳"이며, 접속하자마자 "계속 하찮은 사람들 틈에서 번뇌할 뿐"이라는 것을 깨닫기 때문입니다.

또 한 가지 SNS의 문제점은 자기 인정 욕구가 과잉된다는 데 있습니다. 예전에는 공부를 잘하거나 야구를 잘하거나 노래를 잘하면 주변의 몇몇 사람들에게 칭찬을 받는 정도였습니다. 하지만 요즘은 스스로 "저는 이 정도 해요", "저는 이런 경험을 했습니다" 하고 혼잣말하듯이 글이나 영상을 올려도 수많은 '좋아요'가 날

아둡니다. 운이 좋으면 세계적으로도 극찬을 받는 일이 실제로 일어납니다.

반대로 기대만큼 '좋아요'를 받지 못하면 자존감이 떨어집니다. 또 자기보다 훨씬 재능이 뛰어난 사람들을 금방 찾을 수 있어서, '난 재능이 없는지도 몰라'라며 조용히 품고 있던 자부심이 쉽게 무너져 내립니다. 게다가 아주 사소한 실수로도 칭찬이 한순간에 비난으로 바뀔지도 모릅니다. 그럴 때는 상당한 고통을 맛보게 됩니다. 이상은 SNS의 공과功過 중 과에 해당합니다.

물론 공도 있습니다. SNS라는 매체가 생기면서 예전이라면 묻혔을지도 모를 재능이 세상에 드러날 가능성이 커졌기 때문입니다. 그러면 인정 욕구가 채워지고 자존감도 상승합니다. 아마도 니체가 오늘날 SNS를 보았다면 무척 기뻐하지 않았을까요? 우리 모두가 '표현자表現者'가 되어 점점 새로운 것들이 생겨나고 있으니 말입니다.

니체는 '초인超人'이라는 개념을 창안했습니다. 초인이란 '인간적인 열세를 뛰어넘은 존재'를 의미합니다.

니체의 시대에 살았던 사람들은 무의식중에 신과 세상의 억압을 받아들였고 자기 자신에게 상식의 틀을 씌우고 있었습니다. 하지만 우리는 이런 껍데기를 깨고 자신의 잠재 능력을 폭발적으로 발휘하는 삶을 살아야만 합니다. 니체도 이런 생각으로 "초인이 돼라!"라고 하며 모든 사람을 격려했던 것입니다.

SNS의 세계에는 니체가 말한 이 메시지 그대로 개성적이고 독창적으로 활동하는 사람들이 많습니다. 이들은 그야말로 '니체적인 자기표현을 통해 새로운 가치를 만들어내는 초인'의 길을 가고 있다고도 볼 수 있습니다. 즉, 공과 과가 공존하는 SNS를 잘 활용할 수 있는 길이 있다는 말입니다. 이 역시 지금 니체를 읽어야 하는 이유 중 하나입니다.

극약도 익숙해지면
효과가 떨어진다

마지막으로 니체 자신이 『차라투스트라는 이렇게 말했다』라는 책에 대해 언급한 내용을 소개하고자 합니다. 모두 니체가 쓴 최후의 저작 『이 사람을 보라』로부터 인용했습니다.

> 나의 저서 중 독자적인 위치를 차지하고 있는 것은 『차라투스트라는 이렇게 말했다』이다. 나는 이 책으로 인류에게 최대의 선물을 베풀었다.
> _니체, 『이 사람을 보라』

이 얼마나 자신감 넘치는 말인가요! 자신이 쓴 책을 인류에게 베푼 최대의 선물이라고 자화자찬하고 있으니 말이에요. 이 밖에도 『이 사람을 보라』의 목차를 보면 가장 처음에 「나는 왜 이렇게 지혜로운가?」, 「나는 왜 이렇게 똑똑한가?」, 「나는 왜 이렇게 좋은 책들을 쓰는가?」라는 글이 등장해 독자들을 깜짝 놀라게 만듭니다. 자기 자신을 이토록 추켜세울 수 있는 사람은 이 세상에 그리 많지 않을 것입니다.

그런데 신기하게도 얄미운 느낌이 들지 않는 까닭은 『차라투스트라는 이렇게 말했다』가 그의 말 그대로 가치 있는 책이기 때문이겠죠. 여러분도 니체의 선물을 순전하게 받아들이고 동시에 니체의 가감 없고 강렬한 자존감에 감화되길 바랍니다. 여기서는 강한 정신력의 원천이 되는 말을 선택해 우선 나 자신을 사랑하는 일의 중요성을 설명하고자 합니다.

또 하나의 문장을 인용해보겠습니다.

내 저서의 공기를 호흡하는 방법을 깨우친 사람은 그것이 높은 산의 공기, 강렬한 공기라는 사실을 알고 있다. 사람은 우선 이 공기에 자기 자신을 맞춰야 한다. 그러지 않으면 감기에 걸릴 위험이 적지 않기 때문이다.

_니체, 『이 사람을 보라』

여기서는 『차라투스트라는 이렇게 말했다』를 읽을 때 독한 기운에 당하지 않도록 주의하라고 이야기하고 있습니다. 높은 산에 올라가면 차가운 공기 때문에 감기에 걸릴 위험이 있듯이, 『차라투스트라는 이렇게 말했다』에 나오는 말이 너무 강해 마음이 꺾일 위험이 있다는 말입니다. 그의 말대로 처음 읽기 시작했을 때는 머리가 빙글빙글 도는 듯한 기분이 들지도 모릅니다. 하지만 학생들을 보면 점점 익숙해지면서 생각보다 괜찮아집니다.

야구 연습장에서도 처음에는 시속 100킬로미터 정도 속도의 공을 치다가 점점 눈이 익숙해지면 시속 120킬로미터 정도도 칠 수 있습니다. 마찬가지로 니체의 말도 계속 읽다 보면 독자의 정신이 강해집니다. 니체에게 맞춰 자기 자신의 수준이 높아지는 것입니다. 다시 말해, 니체를 읽는다는 것은 인터넷의 정보를 읽는 것과는 차원이 다른, 몸과 정신을 단련시키는 깊은 독서 체험입니다.

이제 본론이 시작됩니다. 니체의 주옥같은 말들을 마

음 깊이 음미하길 바랍니다. 기본적인 마음가짐은 이렇습니다. 주눅 들지 말자! 용기를 갖고 나 자신의 하잘것 없는 부분을 뛰어넘어보자. 책을 다 읽었을 때는 여러분의 마음이 개운해지면서 동시에 정신이 강하고 단단하게 단련되어 있길 바랍니다.

차례

제1장 자기 자신을 사랑하고 존중하라

제2장 스스로 고독을 선택하라

제5장 지금 이 순간을 살라

제1장

자기 자신을 사랑하고 존중하라

1.

나를 사랑하는 기술

사람은 자신을 사랑하는 기술을

부단히 배우고 익혀야 한다.

○ 니체, 『차라투스트라는 이렇게 말했다』

이 말은 니체 사상의 핵심입니다. 니체의 시대에는 신의 존재가 압도적으로 컸습니다. 인간은 신을 가장 뛰어난 존재로 설정하고 자신들은 아무것도 아닌 하찮은 존재로 비하하기 십상이었지요. 결과적으로 어떻게 되었을까요? 세상에는 신은 사랑할 수 있지만 자기 자신은 사랑하지 못하는 사람들로 넘쳐나게 되었습니다. 적어도 니체의 눈에는 그렇게 보였지요.

　오늘날도 상황은 크게 다르지 않습니다. 다양한 분야에서 신은 아니지만 능력, 외모, 경제력 등 뛰어난 존재를 자기 자신의 수준을 인식하기 위한 비교 대상으로 설정해놓고 굳이 스스로 자존감을 떨어뜨리는 경향이 있습니다.

자신의 단점을 일부러 찾아내는
'무한 루프'에 빠진 사람들

예컨대, 외모 콤플렉스가 그렇습니다. 자기 얼굴이나 몸에 자신감을 갖지 못하는 사람들이 남녀 상관없이 늘어나고 있습니다. 얼굴 하나만 하더라도 얼굴 살이 처져서 싫다, 얼굴이 너무 크다, 피부가 어두워서 마음에 안 든다, 눈이 작아서 별로다, 코가 낮아서 마음에 안 든다, 턱이 길어서 별로다 등등. 얼굴 전체에서부터 눈, 코, 입 하나하나까지 마음에 안 드는 곳을 꼽자면 의기

소침해지지 않을 사람이 어디 있을까요?

이들에게는 '이상적인 얼굴'이라는 것이 존재합니다. 그것과 비교하면서 내 얼굴은 별로다, 이것도 저것도 마음에 안 든다는 식으로 자기 혐오감이 강화되는 듯 보입니다. 아마 성형을 통해 신경이 쓰이는 부분을 고친다고 하더라도 만족하기는 힘들 것입니다. 또 거기서 마음에 안 드는 부분을 찾는 게임처럼 무한 루프에 빠져버립니다. 도대체 왜 그러는 것일까요?

역사를 거슬러 생각해보면 원흉은 바로 '거울'입니다. 거울이 등장한 시점부터 인간은 자존감을 떨어뜨릴 위험에 노출된 것입니다. 거울에 비친 자신의 얼굴을 보고 '내가 이렇게 이상한 얼굴을 하고 있었나?' 하고 깨닫게 된 것이지요. 그러면서 남들 앞에 맨얼굴을 보이는 것을 부끄럽게 여기는 사람들이 역사상 적지 않았을 듯합니다.

시대가 흘러 카메라나 비디오가 등장하고 자신의 얼굴을 객관적으로 볼 수 있는 기회는 점점 늘어나게 되었습니다. SNS 시대인 오늘날은 그것이 더욱더 심해져

하루에 몇 번이라도 스마트폰으로 셀카를 찍는 것이 당연해졌습니다. 이렇게 온종일 자신의 얼굴을 바라보다 보면 아무래도 마음에 안 드는 부분이 눈에 띕니다. 그러다가 셀카로 찍은 얼굴을 바꾸는 사진 보정 애플리케이션도 등장했습니다. 한번 보정해보니 멈출 수 없다는 젊은이들이 급증하고 있는 현실입니다. 더러는 자신조차 보정하지 않은 자신의 얼굴은 못 알아보겠다는 이들도 있습니다.

이런 식이면 '자기 자신을 잃어버리는 것'은 시간문제입니다. 단순히 자존감이 낮아지는 정도의 문제가 아닙니다. 자신을 객관적으로 바라보는 것 자체는 향상심向上心을 이끌어낸다는 점에서 나쁘지 않습니다. 다만 객관적으로 보는 것이 너무 지나쳐 자기 혐오감과 한 세트가 되면 문제입니다. 자신을 지나치게 부정한 나머지 스스로를 사랑하지 못하게 되기 때문입니다.

'나를 사랑하는 기술'을
어떻게 배울 것인가?

요한 페터 에커만의 『괴테와의 대화』에서 괴테는 자신을 사랑하는 것의 중요성을 말합니다. 문학가를 지망하는 청년 에커만이 괴테와 이야기하며 인생에서 중요한 것을 기록한 이 책을 니체는 무척이나 좋아했고 많은 영향을 받았습니다. 이 책을 통해 '자신을 사랑하는 기술이 중요하다'라는 니체 사상의 핵심이 형성된 것으로 보입니다.

인간은 유소년기에는 '전능감全能感'으로 넘칩니다. 근거 없는 자신감, 즉 나는 무엇이든 할 수 있다고 믿는 것이죠. 슈퍼맨이 된 기분으로 높은 곳에서 뛰어내리다가 다리가 부러지기도 합니다. 그렇게 '아, 나는 슈퍼맨은 될 수 없구나' 하며 현실을 깨닫곤 합니다.

어른이 되면서 이러한 자신감 상실 체험이 늘어나는 한편, 다른 사람들과 자신을 비교하면서 스스로를 객관적으로 바라보게 됩니다. 그대로 두면 스스로 자신감을 느끼지 못하게 되니 의식적으로 그 흐름을 끊어주어야 하는데요. 즉, 자신을 사랑하는 기술을 배워야만 합니다. 그것이 니체의 생각이었습니다. 그렇다면 '나 자신을 사랑하는 기술'을 어떻게 익힐 수 있을까요?

지금이야말로
자화자찬력을 갈고닦을 때

미야모토 무사시가 『오륜서』에서 기록한 '단련'이라는 사고방식을 한번 살펴봅시다.

> 천 일의 연습을 '단鍛'이라 하고,
> 만 일의 연습을 '련鍊'이라 한다.
> 충분히 음미하고 단련해야 한다.
> _미야모토 무사시, 『오륜서』

무사시는 단련이란 천 일, 만 일을 요하는 것이고, 쉽

없이 훈련을 거듭하다 보면 기술은 자신의 것이 된다는 이야기를 하고 있습니다.

그렇다면 자신을 사랑하는 '기술'을 배우려면 어떤 훈련을 해야 할까요? 답은 의외로 간단합니다. 오늘도 내일도 매일매일 몇 번이고 자기 자신을 칭찬해주면 됩니다. 칭찬의 포인트는 무엇이든 상관없습니다. 일단 다른 사람들의 평가는 제쳐둡시다.

예를 들면 '사진 잘 찍었네. 나 참 센스 있다', '노력은 사람을 배신하지 않는다고 했어. 이 노래를 열심히 연습해서 나의 십팔번으로 만들 거야', '이번 프레젠테이션 자료는 완성도도 높고 특히 이 부분은 정말 잘했어. 난 글 좀 잘 쓰는 것 같아', '이번 달에는 책 다섯 권 읽기 달성! 교양인의 자리에 한 걸음 가까워졌네'라는 식으로 매사에 자신의 말과 행동을 칭찬하면 됩니다. 그러면 자화자찬력이 길러지고 자존감이 높아집니다.

저 역시 초등학교 시절부터 50년 동안 자화자찬을 계속해온 사람입니다. 현실적으로는 따지면 30대 중반까지 제대로 된 직장도 구하지 못했고, 마흔이 넘어 처음으로 책이 팔릴 때까지 사회에서 온전히 평가를 받지 못한 인생이었습니다. 그럼에도 스스로 제 자신을 한없이 칭찬해왔지요.

아마 '생애 자화자찬 횟수'를 세자면 2만 번은 족히 넘을 것입니다. 다르게 말하면 다른 사람들로부터 칭찬을 받지 못했기 때문에 스스로를 칭찬할 수밖에 없다고 생각해 자화자찬력을 정당화하며 불우한 시절을 견뎌낸 셈입니다. 저는 자화자찬을 적극 권장하지만 여기서도 절대로 해서는 안 되는 것이 있습니다. 바로 갖지 못한 것에 매달리는 일입니다. 자신에게 없는 것을 추구해봐야 허무할 뿐이니까요. 니체도 『즐거운 학문』이라는 책에 이렇게 썼습니다.

네가 서 있는 곳을 깊이 파내라!

그 밑에는 샘이 있다!

어리석은 인간들이 외치도록 내버려두라.

"아래로 가면 지옥뿐이다!"라고 외치더라도 말이다.

_니체, 『즐거운 학문』

"남들을 부러워하기보다는 나만이 따로 할 일이 있지 않을까? 발밑을 깊이 파보면 거기에는 보물이 숨겨져 있을지도 모른다." 니체의 이런 목소리가 들려오는 듯합니다. '나에겐 아무것도 없어'라고 생각하는 사람은 발밑을 파서 자신의 숨겨진 재능을 발굴해야 합니다. 지금의 인간관계가 시시해 불만인 사람은 '그래도 이런 인간관계라도 없어지면 외로울지 몰라'라며 마음을 고쳐먹어야 합니다. 자신이 이미 소유하고 있는 것, 이미 하고 있는 일에 빛나는 무언가가 숨어 있을지 모릅니다. 깊이 파볼 가치가 충분합니다.

마지막으로 니체의 말 한마디를 더 소개하겠습니다.

> 일부러라도 그대들 자신을 믿는 것이 좋다!
> 그러지 않으면 어떻게 남들이 그대들을 믿겠는가!
> 자신을 믿지 못하는 자는 언제나 거짓을 꾸민다!
> _니체, 『니체 전집』

자신을 믿지 못하는 사람은 언제나 남에게 거짓된 자

신을 연기할 수밖에 없으므로 누구에게도 신뢰받을 수
없다는 말입니다. 자신을 사랑하면 사랑할수록 스스로
를 믿을 수 있게 됩니다.

2.

가장 먼저 나를 사랑할 것

그대들은 이웃을 그대 자신처럼 사랑하는 것이 좋다.

하지만 우선 자기 자신부터 사랑하는 사람이 되어라.

○ 니체, 『차라투스트라는 이렇게 말했다』

『신약성경』의 「마태복음」에는 예수가 율법 중 최고의 계명이 무엇인지 묻고 답하는 말이 나옵니다.

> 네 마음을 다하고, 목숨을 다하고, 뜻을 다하여 주 너의 하나님을 사랑하라.
> 이것이 크고 첫째 되는 계명이요, 둘째는 그와 같으

니 네 이웃을 네 몸과 같이 사랑하라.

_『신약성경』「마태복음」27장 37~39절

　사랑하는 순서로 말하자면, 우선은 신이고 그다음은 나 자신과 이웃을 같은 위치에 두고 있습니다. 하지만 니체는 "신은 죽었다"라고 말하므로 신이 사랑의 대상이 될 일은 없지요. 그리고 "이웃을 네 몸처럼 사랑하되 먼저 너 자신부터 사랑하라"라고 말합니다. 이웃보다 자신을 먼저 사랑하라는 것입니다.

　여기서 '자기에 대한 사랑'과 '타자에 대한 사랑'을 네 개의 좌표축으로 나눈 네 개의 구역을 가지고 생각해봅시다. 니체는 우선 자기 자신을 사랑하는 영역에 들어서고, 그런 다음에 자신뿐만 아니라 이웃까지도 사랑하라고 말합니다. 자신은 사랑하지만 이웃을 사랑하지 않으면 완전히 자기애로만 가득한 인간이 되어버립니다. 이웃을 내 몸처럼 사랑할 수 있으면 또 인간으로서 한 단계 더 높은 위치에 올라서게 됩니다.

　네 개의 구역 가운데 가장 위험한 곳은 '자신을 싫어

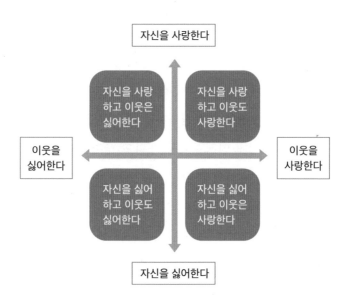

자신을 사랑한다

자신을 사랑
하고 이웃은
싫어한다

자신을 사랑
하고 이웃도
사랑한다

이웃을
싫어한다

이웃을
사랑한다

자신을 싫어
하고 이웃도
싫어한다

자신을 싫어
하고 이웃은
사랑한다

자신을 싫어한다

하고 이웃도 싫어하는' 좌측 하단의 영역입니다. 최근에는 스스로에게 절망해 무차별적으로 사람을 죽이는 '묻지마 살인 사건'이 자주 일어나는데, 이런 행위로 치닫게 될 위험성을 지닌 사람들이 여기에 속할 것입니다. 자신을 사랑하지 못하고 이웃도 사랑하지 못하면, '난 이제 어떻게 되든 상관없다'라며 자포자기하는 데다가 상대가 누구든 마음에 들지 않는다며 공격적인 태도를 보이기 쉽습니다.

또 '자신을 싫어하지만 이웃을 사랑하는' 우측 하단의 영역에 있는 사람은 의존심이 강해집니다. '나는 대단할 게 없는 하찮은 인간이지만 저 사람은 훌륭하다. 훌륭한 사람에게 인정받고 싶다'라고 생각하며 행동하는 경향이 생기는 것입니다. 예를 들어 자존감이 약해 호스트에게 빠지는 여성이 전형적으로 그런 경우입니다. 자신을 사랑하지 못하고 자신감을 얻기 위해 좋아하는 호스트에게 인정받고자 헌신합니다. 그렇게 본인이 점찍은 호스트에게 인정받으면 그 순간만큼은 자신감이 생깁니다. 그래서 또다시 헌신하는 악순환에 빠지게 되는 것입니다.

이 외에도 힘 있는 사람, 인기 있는 사람에게 빠지는 사람들도 마찬가지로 의존심이 강한 사람의 영역에 속합니다. 이들은 호랑이의 권위를 빌린 여우처럼 모두에게 좋은 평가를 받는 사람의 허수아비가 되지 않고서는 스스로 자존감을 갖지 못합니다.

오늘날 사람들은 자기 자신을 객관적으로 바라보는

기술은 좋습니다. 하지만 그만큼 자신은 싫어하고 이웃을 사랑하는 영역으로 들어가기 쉬운 면이 있지요. 이처럼 의존심이 강해지면 한 인간으로서 자립해 살아갈 힘이 약해집니다. 다시 말해, 자신의 인생을 살아가기 어려워지는 것입니다. 자신을 객관적으로 바라보는 기술을 익히기 전에 먼저 누구보다 자신을 사랑하는 기술을 배우고 익히는 것부터 시작합시다.

3.

또 하나의 나

너는 위대해지는 길을 걸어라.

너의 길을 가야만 한다.

너의 배후에 더 이상 다른 길은 없다는 사실이

지금 너에게 최선의 용기를 주어야만 한다.

○ 니체, 『차라투스트라는 이렇게 말했다』

우리는 종종 '용기가 샘솟는다'라는 표현을 사용합니다. 하지만 니체는 용기란 스스로 자신에게 부여하는 것이라고 말합니다. 이것이 니체가 '자기는 이중 구조'라고 한 말의 의미입니다. 스스로 자신이 없고 용기도 내지 못하는 '약한 나'와 더불어, 자신감 있고 위대해지길 바

라고 바른길을 향하고 용기를 주는 또 다른 '강한 나'가
존재한다는 것입니다.

프로이트와 니체는
하나로 통했다

이런 니체의 사고법은 훗날 프로이트가 제창하는 '슈퍼
에고(초자아)'와도 통하는 바가 있습니다. 니체를 이해
하는 데 도움이 되도록 잠시 프로이트를 이야기하고 넘
어가겠습니다.

프로이트는 마음을 '이드(무의식)', '에고(자아)', '슈퍼
에고(초자아)'라는 세 가지 영역으로 바라보았습니다.
이드는 생각으로 통제할 수 없는 욕망의 원천인 무의식
의 에너지입니다. 에고는 감정과 의사 행위의 주체로서
의 나를 가리키고요. 슈퍼에고는 어린 시절부터 배워온
사회의 규칙과 윤리관 같은 것을 드러냅니다.

이들의 관계를 간단히 말하자면, 이드가 에고를 움직

이면 인간은 욕망대로 행동합니다. 하지만 슈퍼에고가 그 욕망을 통제합니다. 사회의 규칙에 따라 인간으로서 해야 할 행동과 하지 말아야 할 행동을 에고에게 인식시키는 것입니다. 이드, 에고, 슈퍼에고 이 세 가지 중에 에고는 아주 괴로운 조정자의 역할을 맡습니다. 비즈니스 사회에 비유하자면 중간 관리직과 같은 존재입니다. 아래에 있는 이드는 "원하는 대로 하게 해줘"라고 하며 밀고 올라오는데, 위에 있는 슈퍼에고는 "명령대로 하라"라며 머리를 누르니 둘 사이에 껴서 매우 난처한 입장입니다.

하지만 마음의 메커니즘을 알면 자기통제가 편해집니다. 예를 들어 압박감에 눌려 죽을 것 같을 때는 '슈퍼에고 사고'를 살짝 풀어주면 됩니다. 반대로 '내가 너무 내 마음대로 하고 있다'라고 느껴지면 '이드 사고'에 브레이크를 걸면 됩니다. 이런 식으로 균형을 잡아주는 것입니다. 프로이트는 '무의식의 욕동慾動(사고와 감정을 일으키는 원동력―옮긴이)', 니체는 '힘에의 의지'라는 개념을 통해 "나는 생각한다. 고로 나는 존재한다"와 같은 근대적 인간관을 넘어섰습니다. 그런 의미에서 두 사람은 뜻이 하나로 통했다고 할 수 있습니다.

나는 언제나 내 편

저는 초등학생 때부터 내 안에 또 다른 내가 있다는 것을 어렴풋하게나마 의식했던 것 같습니다. 만화에서도 자기 안에 천사와 악마가 서로 이야기를 나누는 장면이 그려지지 않나요? 그런 만화의 영향일지도 모르겠습니다. 여러분 중에도 '듣고 보니 그런 것 같다'라며 고개를 끄덕이는 사람이 있을 것입니다.

제 경우에는 내 안에 있는 또 다른 나를 인식하면서 동시에 "나는 언제나 내 편"이라는 말을 표어처럼 자신에게 들려주었습니다. 니체의 책 어딘가에 나오는 말인지 제가 스스로 만들어낸 말인지 잘 모르겠지만 너무 오랫동안 친숙해지다 보니 완전히 제 것이 되었습니다. 덕분에 저는 제 자신을 적으로 여긴 적이 없습니다. 물론 '그런 짓은 하지 말걸 그랬어' 하며 나의 말과 행동을 반성하거나 속이 상할 때도 있었지만, 나라는 존재 자체를 부정하거나 혐오한 적은 없습니다.

저는 제 경험을 통해 여러분에게도 "늘 자신의 편이 되어라"라고 자신에게 계속 말해주기를 권합니다. 니체의 "자기 자신을 사랑하고 존중하라"라는 강력한 삶의 방식과도 이어진다고 할 수 있습니다.

어찌할 수 없는 일이라도
각오하면 용기가 샘솟는 법

앞서 인용한 니체의 말에 "너의 배후에 더 이상 다른 길은 없다"라는 표현이 나옵니다. 이는 스스로 자신에게 용기를 주는 데 필요한 상황 중 하나라고 보면 됩니다. 돌아갈 길이 끊기면 사람에게는 용기가 솟아오른다고 합니다.

『손자병법』에서는 물을 등진 포진을 가장 어리석다

고 말합니다. 한 발도 물러서지 못하는 곳에 진을 치면 안 된다는 의미입니다. 하지만 『사기』 「회음후전」 편에 한나라의 한신이 조나라를 공격했을 때 일부러 강을 등지고 진을 친 이야기가 나옵다. 아군에게 죽음을 각오하는 모습을 보여줌으로써 적을 물리친 것입니다. '배수의 진'이라는 유명한 말이 여기서 유래했다고 합니다. '더 이상 도망칠 곳 없는' 상황에 놓이면 사람은 상식을 뛰어넘는 용기를 발휘할 수 있습니다.

또 하나 덧붙이자면 유전적인 문제는 순순히 받아들이는 것이 좋습니다. 굳이 말하자면 저도 키가 작은 편이라서 초등학교와 중학교 시절에는 키 순서대로 섰을 때 가장 앞자리에 있기도 했지만, '이건 타고난 것이니 어쩔 수가 없다'라며 차츰 받아들였습니다. 키가 좀 더 컸으면 좋겠다고 고민하고 불평한들 에너지를 불필요한 곳에 쏟아붓는 것밖에는 되지 않기 때문입니다. 차라리 그 에너지를 무언가 새로운 일에 도전하는 힘으로 사용하는 것이 더 낫다고 생각했습니다.

유전자뿐만 아니라 어찌할 수 없는 일은 어떻게 해보

려고 생각하지 말고 그냥 받아들이길 바랍니다. 그렇게 해야 있는 그대로의 내 모습으로 눈앞의 문제를 돌파해 나갈 각오가 생깁니다. 비로소 내 안의 또 다른 내가 무슨 일에도 굴복하지 않을 용기를 부여하는 법입니다.

마지막으로 『즐거운 학문』에 나오는 니체의 멋진 말을 소개하겠습니다.

그대 운명의 길을 가라.

별이여, 어둠이 너에게 무슨 상관이 있는가?

_니체, 『즐거운 학문』

4.

인생은 축제

자, 기분 좋게 해보자.

바로 나처럼.

○ 니체, 『차라투스트라는 이렇게 말했다』

예전에 저는 '기분 좋음 티셔츠'라는 것을 만들었습니다. 앞쪽에 '기분 좋음'이라는 큰 글자를 넣고 등 쪽에는 '의미 없이'라는 작은 글자를 프린트한 티셔츠였습니다. 이런 걸 만들 정도였으니 눈치채셨겠지만 저는 차라투스트라의 이 말이 굉장히 마음에 들었습니다. 특히 '바로 나처럼' 하고 덧붙인 부분에 그의 자존감이 얼마나 높은지 느껴지는 듯해서 몇 번이고 읽다가 나도 모르게 피식하고 웃곤 했지요.

그렇다면 '기분 좋음 티셔츠'를 입고 저는 무엇을 했을까요? 초등학생을 상대로 수업을 했습니다. 이 티셔츠의 좋은 점은 착용하면 '기분 좋음'이라는 글자가 몸을 뒤덮는 듯해 자연스럽게 기분이 좋아진다는 것입니다. 또 '기분 좋음'이라는 글자를 본 아이들이 '좋은 기분을 계속 유지하세요'라고 무언의 압박을 주기 때문에 기분이 나쁜 모습을 보일 수 없다는 점도 좋습니다. 게다가 '의미 없이'라는 문구가 어떤 때든 늘 기분 좋게 지낼 수 있도록 도와줍니다. 결과적으로 저는 늘 방글방글 웃는 얼굴로 수업을 할 수 있었습니다.

여러분도 부디 항상 좋은 기분을 유지하는 연습 도구로 '기분 좋음 티셔츠'를 이용해보길 바랍니다. 물론 어디서 판매하는 상품은 아니니 스스로 제작하거나 마음속으로 착용해야 합니다.

그건 그렇고, 차라투스트라의 이 말은 그가 산속으로 돌아와 있을 때 동굴에서 열린 만찬회 자리에서 한 말입니다. 이어서 그는 이렇게 말합니다.

> 나와 함께하는 이는 강한 골격,
> 그리고 가벼운 발을 가져야만 한다.
> 싸움과 축제를 즐기는 자여야만 한다.
> _니체, 『차라투스트라는 이렇게 말했다』

여기에 이르는 경위를 조금 더 보충해 설명하자면, 『차라투스트라는 이렇게 말했다』는 산에 틀어박혀 여러 지혜를 익힌 차라투스트라가 하산하는 장면에서 시작합니다. 마을로 가서 군중에게 "초인이 되어 강하게 살라"라고 설교하기 위해 하산한 것입니다. 하지만 좀처럼 제대로 되지 않자 실망한 그는 산으로 돌아가고, 얼마 있다가 다시 하산하기를 반복합니다. 이 과정에서 그는 점차 사람들과의 거리가 좁아졌을 것입니다.

오른손의 왕과 왼손의 왕, 늙은 마술사, 교황, 자발적으로 거지가 된 자, 그림자, 지적 양심의 소유자, 슬픔에 빠진 예언자, 나귀가 모인 만찬회에서는 나귀를 가지고

놀거나 축제를 시끌벅적하게 즐기는데, 차라투스트라
는 곤란한 와중에도 정신을 차리고 이렇게 말했습니다.

> 작은 활발한 소란, 신의 제사와 같은 것, 나귀 축제
> 와 같은 것, 옛 친구이자 활기찬 도화사인 차라투스
> 트라와 같은 것, 너희의 혼을 밝게 부풀려주는 돌풍,
> 그런 것이 필요한 것 같다.
> _니체, 『차라투스트라는 이렇게 말했다』

이렇게 말한 것을 보면 차라투스트라가 훌륭한 축제
의 시간에 흠뻑 빠졌음을 알 수 있습니다. 그 자리에 모
인 사람들이 에너지를 분출하는 것이 재미있었습니다.
그래서 이 나귀 축제가 시시하고 바보 같은 소란으로
보이지만, 그런 자리에서 기분 좋게 축제의 시간을 보
내는 것이 인생의 기쁨이라고 생각한 것입니다.

일반적으로 사람들은 쾌락을 좋지 않은 것으로 여기
는 경향이 있습니다. 금욕주의의 영향도 있어서인지 니
체의 시대에도 쾌락 부정론자가 꽤 많았습니다. 하지만

니체는 쾌락을 매우 긍정적으로 받아들였지요. 『즐거운
학문』에도 이런 말이 나옵니다.

> 고통 속에는 쾌락 속에 있는 지혜와 똑같은 지혜가
> 들어 있다.
> _니체, 『즐거운 학문』

고통으로부터 배우는 지혜가 많지만 쾌락으로부터
배우는 지혜 역시 많습니다. 인생에 필요 없는 경험은
없다는 말입니다.

이 세상에 인간으로
태어난 것을 축복하라

불교적으로 보면, 세상에 인간으로 태어나는 것은 사고
팔고四苦八苦의 네 가지 고통 중 하나입니다. 태어나고,
나이 들고, 병들고, 죽는 과정은 '고통' 그 자체입니다.

하지만 불교에는 '윤회 사상'이라는 것이 있어 인간의 혼은 몇 번이고 다시 태어나고, '육도六道'라는 여섯 개의 세계를 돌며 고통 속에 살아간다고 합니다. 여섯 개의 세계란 천계, 인간계, 수라계, 축생계, 아귀계, 지옥계입니다. 어느 세계에서 태어날지는 전생의 행동에 따라 정해집니다. 그러나 깨달음을 얻음으로써 윤회를 끝마칠 수도 있습니다. 모든 고뇌로부터 해방되어 절대 자유의 경지에 도달할 수 있는 것입니다. 불교에서는 인간으로 태어난 것이 딱히 좋은 일은 아니며, 고통스러운 윤회를 끝내는 것이 더 중요합니다.

저는 특별히 윤회 사상을 믿지도 않고 살아 있는 것이 상당한 고통이라고 느끼지도 않습니다. 그래도 만약 이번 생을 마치고 다시 태어날 때 "다음 생은 귀뚜라미입니다. 축하합니다"라고 한다면 조금은 속상할 듯하네요. 귀뚜라미를 좋아하지만 역시 다음 생에도 인간으로 태어났으면 하는 바람이 제 진심이기 때문이지요. 이런 상상을 하면 인간으로 태어나 이번 생을 보내고 있는 것이 큰 행운이라는 생각이 듭니다. 차라투스트라처럼 자연스럽게 축제의 시간을 보낼 수 있는 아주 기분 좋은 상태가 되는 것입니다.

오늘날은 사회가 양극화되고 자신은 축복받지 못한 인생을 사는 것 같아 처지를 한탄하는 사람이 적지 않습니다. 하지만 시간의 축을 넓혀서 생각하면 지금이 꼭 최악의 시대라고만은 할 수 없습니다. 먼 옛날에는 인류의 대다수가 빈곤과 기아로 고통받았습니다. 빈부 격차도 더 크고 심했고요. 그러니 군말 말고 참으라고는 할 수 없지만, 역사적으로 본다면 지금은 그럭저럭 괜찮은 시대라고도 볼 수 있을 듯합니다.

물론 여러 가지 불만이나 고민은 있겠지만, 기분 나쁜 상태로 계속 지낸다면 인생이 얼마나 괴롭게 흘러갈까요. 차라투스트라의 말처럼 살아 있는 것 자체가 축제라고 생각하고, 또 불교적인 관점에서 요즘 시대에 인간으로 태어난 일을 행운으로 여기고 기분 좋게 살아가는 것이 최고입니다. 기분이 안 좋아질 듯하면 이렇게 말해보세요.

"자, 기분 좋게 한번 해보자고, 차라투스트라처럼!"

⟨Mäda Primavesi(1903~2000)⟩, Gustav Klimt, 1912~1913

그대들은 이웃을 그대 자신처럼 사랑하는 것이 좋다.

하지만 우선 자기 자신부터 사랑하는 사람이 되어라.

○ 니체, 『차라투스트라는 이렇게 말했다』

제2장

스스로 고독을 선택하라

1.

고독으로의 도피

하찮은 인간들에게 가까워질 때는 조심하라. …

달아나라, 나의 벗이여. 그대의 고독 속으로.

○ 니체, 『차라투스트라는 이렇게 말했다』

사람들은 대개 고독을 느낄 때 '내게는 있을 자리가 없다'라는 생각이 듭니다. 학교에서도, 직장에서도, 가정에서도 안심하고 편안한 시간을 보낼 수 없습니다. '내가 있을 자리는 없다. 어느 누구도 나를 받아주지 않는다. 나는 너무 고독하다.' 이런 식으로 고독에 대해 수동적인 자세를 취합니다. 하지만 니체는 그와는 정반대였지요. 그는 '고독' 자체를 긍정적으로 받아들였습니다.

고독이란
자유를 만끽할 수 있는 최고의 환경

니체는 고독을 '안심하고 홀로 자유로운 시간을 보낼 수 있는 최고의 환경'이라고 말합니다. 사람이 많고 이런저런 이야기들이 오가고 자신을 번뇌에 빠지게 하는 장소에서 벗어나 "자신의 고독 속으로 달아나라"라고 외칩니다. '달아나라'라는 표현 때문에 수동적인 느낌을 받을지도 모르겠지만, 스스로 고독을 자신의 환경으로 만드는 것이지 결코 고독에 짓눌려 도망치는 것이 아닙니다. 다시 말해, 스스로 고독을 선택하는 것입니다.

하지만 니체가 말하는 고독은 따뜻하거나 포근하지는 않습니다. 위의 니체의 말에서 "사나운 바람이 거세게 불어오는 곳"이라는 문구가 이어지고 있으므로 힘든 환경이라는 것을 엿볼 수 있습니다. '정신을 단련시켜

주는 곳' 정도로 이해하면 될 것 같습니다.

그렇다면 니체는 왜 굳이 그런 힘든 곳으로 달아나기를 바라는 것일까요? 그것은 세상에서는 파리처럼 윙윙 시끄럽게 구는 하찮은 인간들이 높은 이상을 추구하는 자들을 방해하기 때문입니다. 세상은 조금이라도 뛰어난 사람이 있으면 질투하기 마련입니다. 싫은 마음에 발을 걸어 넘어뜨리거나 위에서 끌어내리거나 무리에서 따돌리려 하는 사람도 있습니다. 이런 사람들과 엮여봐야 좋을 것이 없습니다. 오히려 없는 편이 나으니 고독을 선택하는 것이 더 안심이 됩니다.

나아가 차라투스트라는 이렇게 말했습니다.

파리채가 되는 것은 그대의 운명이 아니다.

_니체, 『차라투스트라는 이렇게 말했다』

그는 하찮은 인간들을 파리에 빗대면서, 파리 같은 것을 퇴치하는 일은 시간을 들일 만큼 값어치 있는 일이 아니라고 했습니다. 일일이 싸우는 것도 어리석다고 했지요. 자신은 뛰어나고 다른 인간은 하찮고 별 볼 일 없다고 여기는 것은 불손한 태도이기는 합니다. 작품에 따라서는 다음과 같이 하찮은 인간들을 경멸하는 듯한 글도 있습니다.

> 나는 미래라는 용과 싸운다. 하지만 너희들 작은 존재는 지렁이와 싸우겠지.
> _니체, 『차라투스트라는 이렇게 말했다』

참으로 니체다운 말입니다. 젊고 혈기 왕성하며 자신감에 차 있는 모습이 매력적으로 보이기도 합니다.

현대인이여, '단독자'가 되어라!

저는 종종 '단독자單獨者'라는 표현을 즐겨 사용합니다. 학생들에게도 "수업에는 단독자로 참여하라"라고 말합니다. 학생 한 명 한 명과 일대일로 마주하는 형태로 수업을 하고 싶어서 그렇습니다.

그리고 '고독자孤獨者'라고 하면 왠지 외롭고 쓸쓸하고 나약한 느낌이 듭니다. 반면, '단독자'는 혼자만의 시간을 즐기는 '고고한 사람'이라는 느낌이 들지요. 영어로는 'solitude'라고 표현하는데 무언가 강인함이 느껴집니다.

만약 고독하다고 느낀다면 스스로에게 "나는 고독자가 아니라 단독자다"라고 말해줍시다. 기독교라는 거대한 권력에 홀로 맞선 단독자 니체를 떠올려보길 바랍니다. 마음 깊은 곳에서 힘과 용기가 솟아날 것입니다. 강인함은 단독자로 존재할 때만 생기는 법입니다.

2.

멀리 있는 별

나는 그대들에게 가까운 이에 대한 사랑을 권하지 않는다.

나는 그대들에게 멀리 있는 이에 대한 사랑을 권한다.

○ 니체, 『차라투스트라는 이렇게 말했다』

가까운 이웃에 대한 사랑은 기독교의 근간을 이루는 개
념입니다. "네 이웃을 사랑하라"라는 말이 있듯이 "가까
운 사람을 사랑하라"라고 가르치고 있습니다. 나쁘지는
않지만, 니체는 이를 '자신에게서 도피하는 태도'로 여
깁니다. '이웃에 대한 사랑'에 관해 쓴 글 처음에는 이런
문장이 나옵니다.

그대들은 자기 자신과 얼굴을 마주하기를 피하고
이웃에게로 달려간다. 그리고 그것을 하나의 덕으
로 추켜세우고 있다.

_니체, 『차라투스트라는 이렇게 말했다』

니체는 자신을 사랑하지 못하기에 가까운 이웃을 사
랑하고 자신이 얼마나 덕이 있는 인간인지를 보이려 한
다고 주장합니다. 그렇다면 니체가 권하는 '멀리 있는
사람에 대한 사랑'은 무엇일까요?

서로를 격려하고 높이는
'별들의 우정'

'멀리 있는 사람에 대한 사랑'은 니체의 다른 글인 「별
들의 우정」에도 표현되어 있습니다. 밤하늘에 빛나는
별들은 모두 독립적으로 빛납니다. 거리는 멀리 떨어져
있지만 서로의 존재는 빛날수록 더 분명히 인식됩니다.

'별들의 우정'이란 멀리 떨어져 있으면서도 서로의 빛을 흠모하고 긍정적인 자극을 주고받는 관계라고 할 수 있습니다. 이런 관계의 친구를 얻는 건 그리 어렵지 않습니다.

가령, 중학교 시절의 친구 중에 10년, 20년 후 동창회에서 만나거나 SNS로 재회하는 경우가 있습니다. 지금은 거리상으로 꽤 멀리 있지만 옛 친구가 열심히 사는 모습은 좋은 자극이 됩니다. "멋지다. 지금도 중학교 시절 꾸었던 꿈을 좇아 열심히 살아가고 있구나. 나도 저 친구처럼 열심히 살아야겠다."

옛 친구라도 지금은 거의 접점이 없는 '멀리 있는 사람'이므로 질투심이 덜 생긴다는 장점도 있습니다. 따라서 상대방의 '향상심'을 순수하게 느낄 수 있지요. 이처럼 '멀리 있는 사람에 대한 사랑'이 있으면 주위에 향상심이라고는 찾아볼 수도 없는 시시한 인간들만 있더라도 '근묵자흑近墨者黑'의 위험은 피할 수 있습니다.

슈퍼스타를
동경하고 사랑하라

그러고 보니 전 일본 국가 대표 축구선수 나카타 히데토시가 생각납니다. 여러분 중 아는 분은 잘 알겠지만 나카타는 1998년 약관의 나이로 일본의 J리그 축구팀 쇼난 벨마레에서 이탈리아 세리에 A리그 축구팀 AC 페루자로 전격 이적했습니다. 이후 유럽을 무대로 활약하면서 일본인 선수들이 해외에 진출할 가능성을 넓혀 주었지요.

나카타는 스페인의 레알 마드리드에서 활약한 동년배 에이스 선수 라울 곤살레스를 동경하고 좋아했던 것 같습니다. 잡지 인터뷰에서 라울 선수가 잘 지내는지 궁금해하는 발언을 한 적도 있고요. 실제로 나카타 선수는 J리거가 되었을 때부터 "머지않아 유럽에 진출하겠다!"라며 투지를 불태웠습니다. 라울 선수가 있는 곳을 바라보고 있었던 것입니다. 당연히 훈련의 양과 질이 여타 선수들과는 달랐습니다. 라울 선수를 동경하는 마음 덕분에 자신을 더욱 높은 자리로 이끌 수 있었습니다.

물론 가까운 곳에 향상심이 넘치는 뛰어난 친구가 있다면 그것도 나쁘지 않습니다. '하찮은 인간' 특유의 쪼잔한 감정을 빼고 자신을 향상시킬 수 있기 때문입니다. 만약 '하찮은 인간' 탓에 괴로울 것 같다면 나카타 선수처럼 지금의 자신보다 훨씬 높은 위치의 사람을 멀리서 바라보며 동경하고 좋아하는 식으로 자신을 고무시키는 편이 낫습니다.

'멀리 있는 사람에 대한 사랑'은 누구를 대상으로 하든 자기 마음입니다. 그 대상이 슈퍼스타든 이미 세상을 떠난 위인이든 모두 가능합니다. 나쓰메 소세키, 도스토옙스키, 후쿠자와 유키치, 간디, 나이팅게일 등 높은 이상을 별처럼 올려다보면, 보는 사람의 스케일도 커지기 마련입니다. 이미 멀리 있는 사람뿐만 아니라 가까운 사람이 성장해 멀리 있는 존재가 되기를 바라는 것도 훌륭한 일입니다. 니체는 『즐거운 학문』에 이렇게 썼습니다.

이웃이 가까이 있는 것은 좋지 않으니

높은 곳, 먼 곳으로 가라!

그러지 않는다면 어떻게 그가

나의 별이 될 수 있으랴?

_니체, 『즐거운 학문』

3.

소수파의 고뇌

선한 이들, 옳은 이들을 경계하라.

그들은 자신의 덕을 만들어내는 자를

십자가에 걸기를 즐기니

그들은 고독한 자를 미워한다.

○ 니체, 『차라투스트라는 이렇게 말했다』

여기에 나오는 "선한 이들, 옳은 이들"이란 세상에서 옳다고 하는 것을 강요하는 사람들을 가리킵니다. 지금도 그런 사람들이 꽤 있지 않나요. "이게 상식이지요" 또는 "보통은 이렇게 생각합니다"라며 이른바 '정론'으로 밀어붙이는 사람들입니다. 이들은 '변화'를 두려워하고 새로운 가치를 창조하는 사람을 부당하게 경멸하기도 합니다.

이 니체의 말은 예수의 운명에서 시작되었습니다. 예수는 기독교를 창시한 사람인데, 그 모체는 원래 유대교였습니다. 유대교도의 눈으로 보면 예수는 이단자였습니다. 『구약성경』을 경전으로 삼는 유대교의 바탕에는 '신을 믿는 유대 민족만이 최후에 구원을 받는다'라는 선민사상이 자리하고 있습니다. 하지만 예수는 거기서 벗어나 '신을 믿는 자는 모두 구원을 받는다'라고 설파했지요.

유대교도는 종교적인 예의, 즉 율법를 중시합니다. 특히 바리새파는 율법에 엄격했는데, 예수는 바리새파를 형식적이고 위선적인 율법 학자라고 비난했습니다. 유대교도들이 들었을 때 달갑지 않은 이야기였습니다. 게다가 새로운 것이 만들어지면 그동안 자신들이 믿어온 덕과 그 덕을 실천하기 위해 만든 수많은 계명이 모두 부정당할 수도 있습니다. 그래서 유대교도들은 예수를 제거하려 했고 결국 죽음에 이르게 했습니다.

기독교는 예수의 말과 행동을 기록한 복음서, 초대교회의 발전을 기록한 「사도행전」, 사도들의 편지인 서신서 등을 모아놓은 『신약성경』을 경전으로 삼고 있습니다. 니체는 기독교를 부정하지만, '초인'의 사고방식을 적용한다면 예수를 다음과 같이 평가할 수 있습니다. 유대교의 가르침을 깨뜨리면서까지 자신의 신념을 관철하고 기독교라는 새로운 가치를 만들어낸 초인. 다가와 겐조의 『예수라는 사나이』에서 예수는 역설적인 반역자로 나옵니다. 이 책에서 예수는 '신'이 아니라 '초인'의 삶을 살아간 인간이라는 인상을 줍니다.

새로운 가치를 무너뜨리려는 '동조 압력'에 굴복하지 말라

지금도 마찬가지입니다. 예수의 시대처럼 기존의 가치관에서 벗어나는 새로운 사고방식을 내놓거나 체제에 맞지 않는 의견을 이야기하면 다수파로부터 부당한 공격을 받는 일이 드물지 않지요. 학교나 직장에서도 소수의 의견을 가진 사람이 '다수의 의견에 맞추도록' 암묵적으로 강제하는 예는 늘어나면 늘었지 줄어들지는 않은 것 같습니다. 이런 '동조 압력' 때문에 말과 행동의 자유가 저해되어 스트레스를 느끼는 사람이 적지 않습니다.

예를 들어, 성적 소수자들은 오랜 세월 편견과 차별을 받아왔습니다. 인간으로서 당연한 권리를 얻기도 힘든 시대가 이어진 탓입니다. 그것은 대다수 사람이 그들이 보이는 '동성애'라는 새로운 사랑의 형태를 부정해온 역사나 다름없습니다. 자신이 동성애자라는 사실 때문에 고뇌했던 프랑스의 철학자 미셸 푸코를 아실 겁니다. 사회의 편견으로 고통받던 그는 『감시와 처벌』, 『광기의 역사』 등의 저서를 통해 '우리는 무의식중에 권력자나 사회의 규칙에 순종하는 인간으로 길러지고 있다'라며 권력의 공포를 폭로했습니다.

자유로운 시대인 지금도 왠지 모르게 말과 행동이 감시당하는 듯해 불쾌한 기분이 들 때가 있지 않나요. '방범 카메라'라는 이름으로 거리에 설치된 수많은 감시 카메라(유용하기는 하다)가 널려 있고, 스마트폰으로 사진과 동영상을 촬영하고 업로드하는 사람들이 넘쳐납니다. 게다가 빈번하게 오가는 SNS상의 대화로 갑갑함을 느끼는 사람들도 많습니다.

푸코는 이런 사회의 시스템을 감옥의 건축양식에 빗대어 '판옵티콘panopticon'이라고 불렀습니다. 한마디로 중앙의 감시탑을 도넛 모양으로 감싸 수감자들의 감옥을 설치한 것으로 벤담이 고안한 건축양식입니다. 감시탑에서는 감옥이 완전히 다 보이지만, 감옥에서는 감시탑이 보이지 않는 구조로 되어 있습니다. 이렇게 함으로써 수감자들은 간수가 있든 없든 늘 감시를 당하고 있다고 느끼며 결국에는 자기 자신을 감시하게 되는 것이지요.

현대사회는 이 판옵티콘처럼 누가 권력을 행사하고 있는지 알지 못하는 상태에서 자유를 세세히 박탈당하고 있습니다. 푸코는 『감시와 처벌』에서 이런 공포에 대해 다음과 같이 표현합니다.

'판옵티콘'은 '보다=보이다'라는 한 쌍의 사태를 분리하는 기계 장치로, 원주 모양의 건물 내부에 있는 사람은 다 보이지만 그 사람은 결코 다른 사람을 볼 수 없다. 중앙부의 탑에 있는 사람은 모든 사람을 다 보지만, 결코 누구에게도 보이지 않는다. 이것은 매우 중요한 장치다. 왜냐하면 권력을 자동적인 것으로 만들고 권력을 몰개인화하기 때문이다.

_푸코, 『감시와 처벌』

사람들은 감시의 시선을 자기 안으로 끌어들임으로써 항상 보이고 있다는 의식이 몸에 배고, 스스로 자신을 감시하게 되어 '순종적인 주체'로 만들어집니다. 니체가 말하는 "선한 이들, 옳은 이들"은 푸코가 지적한 판옵티콘과 같습니다. 우리는 새로운 가치를 짓누르려는 힘에 굴복해서는 안 됩니다. 지금은 자유롭게 표현할 수 있는 시대이니 SNS를 잘 활용해 계속 새로운 가치를 만들고 세상에 질문하기를 주저하지 말아야 합니다. 비판을 두려워하지 말고 과감하게 행동해야 합니다.

4.

자신의 세계를 창조하다

그대들은 그대들의 감각으로 파악한 것을

끝까지 생각해야만 한다.

그대들이 세계라고 이름 지은 것,

그것은 먼저 그대들에 의해 창조되어야 한다.

○ 니체, 『차라투스트라는 이렇게 말했다』

지금은 개개인이 독자적인 세계관을 창조하는 것이 당연시되고 있습니다. 니체의 이 말은 마치 그런 현대를 예견한 듯합니다. 니체의 시대에는 신으로부터 '기존의 세계관'을 부여받고 그 틀 안에서 다양한 활동이 이루어졌습니다. '이렇게 해야 한다', '이것이 옳다'라고 정해진 틀이 매우 강했습니다. 새로운 세계관을 창조하려는 생각 따위는 대다수 사람으로서는 엄두도 내지 못하는 일이었지요. 그래서 니체는 '규정지어진 것들로 말미암아 개인의 세계관이 고정되는 것'에 경종을 울린 것입니다.

'몸의 감각'으로
세계를 파악하라

니체는 몸의 감각을 매우 중요하게 여겼습니다. 『차라투스트라는 이렇게 말했다』에 나오는 다음의 문장을 통해서도 분명히 알 수 있습니다.

> 육체는 하나의 위대한 이성이다. 하나의 의미를 지닌 다양체, 전쟁이며, 평화이며, 집단이며, 목자이다. 나의 형제여, 그대가 '정신'이라 이름 붙인 그대의 작은 이성도 … 그대의 위대한 이성의 작은 도구이

며 완구이다.

_니체, 『차라투스트라는 이렇게 말했다』

"나는 생각한다. 고로 나는 존재한다"라는 말로 유명한 프랑스의 철학자 데카르트는 '심신이원론心身二元論'을 제창하고 '인간의 마음과 몸은 별개'라고 했습니다. 철학에서는 당시 인간의 몸은 물체와 같고 기계적인 것이라는 생각이 일반적이었지요.

하지만 데카르트보다 250년 정도 뒤에 태어난 니체는 육체야말로 이성이라고 생각했습니다. '인간은 혼만으로는 살 수 없다. 정신이라고 이름 붙인 작은 이성은 육체라는 위대한 이성의 작은 도구에 불과하다'라고 주장한 것입니다. 앞의 인용문에서 "그대들의 감각으로 파악한 것"이라는 표현이 나오듯이, 니체는 먼저 자신의 감각으로 이 세상을 파악하라고 이야기합니다. 그런 다음 자신이 파악한 세계가 무엇인지 생각할 것. 그렇게 감각과 생각이 연동되고 결합하면 새로운 세계가 창조된다고 했습니다.

이는 스포츠로 비유해 설명하면 더 이해하기 쉬운데요. 상징적인 운동선수 중 한 명이 메이저리거인 오타니 쇼헤이 선수입니다. WBC에서 말 그대로 '초인'적인 활약을 보여준 그는 몸의 감각을 통해 파악한 것을 갈고닦아 새로운 세계를 창조하는 모습을 실천해 보였습니다. 그는 '투수와 타자, 둘을 다 해내기는 힘들다. 어느 한 가지에 집중하지 않으면 둘 다 어중간한 삼류선수로 끝난다'라는 주위의 걱정을 뒤로하고, 일본은 물론이고 미국에서도 '이도류二刀流(일본 검술에서 양손에 각각 검을 들고 공수를 행하는 기술의 총칭. 두 가지 다른 수단을 가지고 일을 하는 것, 또는 두 가지 다른 일을 동시에 하는 것을 의미한다—옮긴이)'를 관철했습니다. 기존의 상식을 보란 듯이 깨부순 것이지요.

복싱계에는 WBA, WBC, IBF, WBO 4대 기구의 세계 밴텀급 챔피언 벨트를 반납하고, 슈퍼 밴텀급으로 전향해 4체급 제패 및 2체급의 4대 기구 통일 챔피언을 노리는 이노우에 나오야 선수가 있습니다. 휠체어 테니스계에는 US 오픈, 프랑스 오픈, 호주 오픈, 윔블던의 4대 대회 및 패럴림픽을 제패하고 '생애 골든 슬램'을 달성한 구니에다 신고 선수가 있습니다. 이 밖에도 '일본인은 안 된다'라든가 '더 이상의 기록은 나오지 않는다'라고 했지만, 한계를 돌파하고 새로운 세계를 보여준 스포츠 선수가 많습니다.

니체가 지금의 스포츠계를 보았다면 "그래 바로 이거야. 초인 퍼레이드가 아닌가!"라며 크게 기뻐했을지도 모릅니다. 물론 여기서 돌파해야 하는 한계는 사람마다 제각각 다릅니다. 그러니 최고의 운동선수들과 비교할 필요는 없습니다. 중요한 점은 무엇이든 자신의 세계를 만드는 것입니다. 이는 그리 어려운 일이 아닙니다.

짧은 시 지어보기

저는 학생들에게 짧은 시를 지어보는 과제를 내곤 합니다. 의외로 손쉽게 자신의 세계를 창조하는 방법이라고 생각하기 때문입니다.

　규칙은 단 하나. 창작한 작품을 수강생들이 서로 칭찬해줄 것. 칭찬을 받으면 그것이 규칙 때문에 한 칭찬일지라도 나도 새로운 세계를 만들 수 있다는 마음이 벅차오릅니다. 스스로 자신감을 가지게 되는 것이지요. 자존감을 높이는 데도 효과적인 방법입니다.

　그 옛날 가인歌人 요사노 아키코는 강연회에서 여학생들에게 이렇게 말했습니다.

　"여러분은 그냥 보통으로 해서는 안 돼요. 짧은 시, 노래 하나 만드는 것도 창조적인 활동입니다. 부디 시와 노래를 만들어 새로운 여성의 시대를 열어주세요."

　어떤가요? 자신의 세계를 만드는 일이 그리 거창한 것만은 아니라는 생각이 들지 않나요? 짧은 시든 수필이든 일러스트든 자신이 내세우고 싶은 무언가를 표현하는 것. 그 감각을 소중히 여기면 됩니다. SNS의 시대인 만큼 발표할 곳은 얼마든지 많으니 창작 활동에 도전하고 보람을 느껴보길 바랍니다.

5.

친구

그대는 노예인가?

노예라면 그대는 친구가 될 수 없다.

그대는 전제자인가?

전제자라면 그대는 친구를 가질 수 없다.

○ 니체, 『차라투스트라는 이렇게 말했다』

매우 간결하면서도 마음을 울리는 말입니다. 친구가 되는 것은 누구나 할 수 있을 것 같지만, 니체는 친구가 되려면 두 가지 조건을 만족시켜야 한다고 보았습니다. 하나는 '노예'가 아닐 것, 또 하나는 '전제자'가 아닐 것.

자기 생각이 없는 사람은
친구로서 매력이 없다

니체가 말하는 '노예'란 자기 생각이 없고, 아무런 의문도 없으며, 누군가 또는 무언가가 시키는 대로 하는 사람을 말합니다. 당신은 그런 사람과 친구가 될 수 있나요? 분명 싫을 테지요. 자기 생각이나 의견을 갖추지 못한 사람은 함께 행동하는 보람과 재미가 없습니다. 노예 같은 사람과 친구가 되고 싶은 이는 기껏 약한 자를 따돌리고 괴롭히는 나쁜 무리 정도에 불과합니다. 심부름꾼으로 쓰려는 생각밖에 없지요.

친구란 니체의 말을 빌리자면 대등한 입장에서 '서로를 높여주는' 관계에 있는 사람입니다. 그것이 가능할 때 인간적인 매력을 느끼고 교류하고 싶다고 생각하게 됩니다. 이는 주종 관계와는 전혀 다릅니다.

그리고 '전제자專制者'는 어떤 인간일까요? 한마디로 남의 자유를 빼앗는 인간입니다. 다른 사람의 기분 따위는 안중에도 없고 자기만 좋으면 된다고 여깁니다.

자신의 이익을 위해 사람을 이용할 뿐입니다. 당신은 그런 사람과 친구가 되고 싶나요? 일방적으로 이용당하는 것은 사양하고 싶은 일입니다. 니체가 이상적으로 여기는 '절차탁마切磋琢磨'의 관계를 구축하는 것도 불가능합니다.

노예적 정신, 전제자적 정신으로 살아서는 안 된다

물론 현대사회에는 노예도 전제자도 존재하지 않습니다. 하지만 '노예적 정신으로 살아가는 사람', '전제자적 정신으로 살아가는 사람'은 여전히 존재합니다. 평소에는 의식하지 못하겠지만, 한번 노예와 전제자의 관점으로 주위 사람들을 바라보세요. 사람에 대해 노예적인지 전제자적인지만 평가하는 일은 품격이 없고 오만할 수 있지만, 이런 깨달음이 있을지도 모릅니다.

"그러고 보니 걔는 뭘 하고 싶은지 물어보면 언제나

뭐든지 괜찮다, 아무래도 상관없다고 대답하네. 게다가 다른 사람들의 행동을 보고 나서 자신의 행동을 결정하는 듯한 면도 있어. 그렇구나. 노예적이라서 그런가? 친구로서는 별로 매력이 없어."

"그러고 보니 걔는 늘 남이 듣기 좋은 말만 하고, 자기가 하고 싶지 않은 일은 남한테 떠맡겼어. 다른 사람을 밟고 올라가려고 하는 면도 있었고. 전제자적이어서 그랬나 보네. 친구로서는 별로 좋지 않았어."

우리가 친구로 삼고 싶은 사람은 노예적 정신, 전제자적 정신을 가진 사람이 아닐 것입니다. 또한 자신에게 노예적 정신, 전제자적 정신이 있다면 니체가 말하는 친구가 되기 힘들 것입니다. 니체의 말을 하나의 계기로 삼아 친구에게 원하는 자질, 친구가 되는 데 필요한 자질을 되새겨보는 것은 어떨까요? 그러면 친구 관계를 더욱 좋은 방향으로 이끌어줄 것입니다.

6.

최선의 적

나의 싸움 상대여,

나는 그대들을 마음 깊이 사랑한다.

나는 그대들과 대등한 자이고 대등한 자였다.

그리고 나는 그대들의 최선의 적이기도 하다.

그러니 그대들도 내가 그대들에게

진실을 이야기하는 것을 허락하라.

○ 니체, 『차라투스트라는 이렇게 말했다』

마음 깊이 적을 사랑한다니, 왠지 모르게 어렵게 느껴집니다. 엄격하고 강하고 숭고한 정신이라 장벽이 높게 느껴지는 것도 사실입니다. 하지만 스포츠 만화의 세계에 빠진 적이 있는 이들에게는 매우 친숙한 정신성이라고도 할 수 있습니다. 스포츠 만화의 원류는 니체라고 해도 될 정도니까요.

│ 우정이란 '필사적인 싸움'이다

스포츠 만화가 그리는 우정은 거의 예외 없이 니체가 말하는 우정에 가깝습니다. 『주간 소년 점프』의 콘셉트인 '우정, 노력, 승리'에서도 니체를 느낄 수 있습니다. 그 상징은 일본 만화 『북두의 권』에서 '강적'이라 쓰고 '친구'라고 읽는 세계가 아닐까요.

핵전쟁으로 문명사회가 상실되고 폭력에 지배당한 세기말의 세계에서 일자상전의 암살권, 북두신권의 전승자가 된 켄시로가 장형 라오우에게 이렇게 말합니다.

> "라오우, 내게는 당신이 최대의 강적(벗)이었다."
>
> _『북두의 권』

켄시로에게 라오우는 그저 단순한 친구도 아니고 동료도 아니었습니다. 어디까지나 넘어뜨려야 할 강적이었지요. 싸우면서도 서로가 서로를 생각하는 애정이 점점 깊어지는 그런 관계였습니다. 그야말로 니체의 말을 몸으로 표현하고 있었습니다.

또 『내일의 죠』에도 인상적인 장면이 나옵니다. 야부키 죠가 건어물 가게의 노리코와 데이트를 하면서 한 말입니다.

"노리코가 말하는 청춘을 구가하는 것과 조금 다를지 모르겠지만, 불타는 듯한 꽉 찬 느낌은 지금까지 몇 번이고 맛봐왔어. 피투성이 링 위에서 말이야. 저기 있는 놈들처럼 부지직거리면서 연기만 나는 불완전 연소가 아니야. 정말 한순간만이라도 눈부실 정도로 불타오르지. 그리고 나중에는 새하얀 재로 남아. 타다 남은 찌꺼기 따위가 아니라 새하얀 재만 남는 거야. …

권투가 좋아. 서로 죽일 것처럼 필사적으로 덤벼드

는 그 충실감이 나는 좋아."

_『내일의 죠』

죠가 강적을 상대로 펼쳐온 싸움은 주변에서 볼 법한 싸구려 우정 놀이와는 다릅니다. 강적과 싸우면서 서로 혼을 불태우는 뜨거운 열정을 공유하는 순간이 쌓이고 쌓이는 것입니다. 그는 그렇게 말하고 싶었을 것입니다. 노리코에게는 그 마음이 제대로 전달되지 않았을지도 모르지만, 죠에게는 필사적인 싸움이야말로 말 그대로 우정이었습니다.

이런 친구가 있으면 마음 자세가 달라집니다. 미지근한 온탕 같은 우정에 젖어 있는 사람은 부디 만화를 통해 니체를 느껴보길 바랍니다. 『드래곤볼』, 『근육맨』, 『슬램덩크』 등 명작은 무수히 많습니다. 어느 것이라도 좋으니 읽어본다면 틀림없이 니체가 말하는 우정이 얼마나 멋진지 잘 알 수 있을 것입니다.

"선비는 사흘 만에 만나면
눈을 비비고 볼 만큼 달라져야 해"

『삼국지연의』에 나오는 말입니다. 이야기는 이렇습니다. 오나라의 무장 여몽은 무도에만 능하고 학문이 없어서 경시당하고 있었습니다. 이를 보다 못한 오나라 왕 손권은 학문에 매진하도록 권하고 여몽은 열심히 학문에 임합니다. 그는 무예를 통해 익힌 정신력을 살려 학문에 매진했고, 결국 학자로서도 상당한 학식을 지니게 되었습니다.

여몽은 자신이 성장하는 모습에 놀란 노숙에게 이렇게 말했습니다. "노력하는 사람은 사흘만 보지 못해도 몰라볼 정도로 성장하는 법입니다. 다음번에 만날 때는 눈을 비비고 다른 눈으로 봐야 할 거예요."

이것을 니체의 친구관觀에 비춰 다시 말해볼까요. 사흘 만에 보면 같은 사람이라고 생각하지 못할 정도로 성장해 있는 사람이 친구다. 괄목하라(눈을 비비고 보아라). 크게 자극을 받아라. 서로 성장의 양식이 되어라.

이런 친구라면 멍하니 바라만 보고 있을 수 없으니, 자연스레 절차탁마의 관계를 만들 수 있을 것입니다.

'진실한 말'로 이어지는 친구만큼 훌륭한 친구도 없다

차라투스트라의 말은 매우 엄격합니다. "나는 그대들의 최선의 적이기도 하다. 그러니 그대들도 내가 진실을 이야기하는 것을 허락하라"라고 말했습니다. 다시 말해 '마음에도 없는 인사치레는 하고 싶지 않다. 너희를 하찮은 인간이라고 생각한다면 굳이 말할 필요도 없다'라는 의미입니다. 사람은 아픈 곳을 찔리면 푹 쓰러지거나 화를 내게 되는데, '진실의 말을 한다면 상대에게 상처를 입히지 않을까?' 하고 마음을 쓰는 바람에 이미 친구 관계를 구축할 수 없다는 말입니다.

지금은 언어폭력이나 갑질 등이 문제가 되다 보니 좀처럼 엄격한 말을 하지 못합니다. 그래도 좀 더 정중한 언어로 말한다면 괜찮습니다. 여러분은 강한 자들끼리 대등하게 싸워서 얻을 수 있는 우정을 지향하길 바랍니다. 생각한 대로 마주하고 진실의 말로 연결되는 친구만큼 얻기 힘들고 멋진 존재는 없습니다.

참고로 니체는 헤라클레이토스의 사상에 심취해 있었습니다. 『니체 전집』에는 다음과 같은 말이 적혀 있습니다.

> 세계가 하나의 성스러운 유희이며, 선악의 저편에 있다는 점에서 내게는 베단타 철학과 헤라클레이토스라는 선인先人이 있다.
>
> _니체, 『니체 전집』

여기서 베단타 철학이란 '인간은 한 사람 한 사람이 대우주와 일체'라고 주장하는 고대 인도의 철학입니다. 니체는 베단타 철학과 헤라클레이토스의 철학을 '인생의 성스러운 유희'라고 생각하고 있습니다. 소크라테스 이전의 철학자인 헤라클레이토스는 세계를 움직이는 메커니즘을 "판타 레이(만물은 유전한다)"라는 말로 표현했습니다.

세계는 끊임없는 변화를 통해 만들어지고, 그 변화는 만물의 대립을 통해 생성된다고 본 것입니다. 니체는 헤라클레이토스의 사상을 계승해, 대립하는 두 가지가 서로 맞부딪히며 그 속에서 새로운 것이 생성된다고 생각했습니다. 싸움 속에서 우정이 싹트고 대적하는 두 사람에게 행복이 찾아온다는 생각도 이러한 사상의 연장선 위에 있는 것이라 할 수 있지요.『즐거운 학문』에는 다음과 같은 말이 있습니다.

> 지상의 모든 행복은
> 친구여, 싸움이 가져다준다.
> _니체,『즐거운 학문』

7.

동정과 우쭐함

> 나는 동정의 극복을
> 고귀한 덕 가운데 하나로 여긴다.
> ○ 니체, 『이 사람을 보라』

무언가 불행하거나 힘든 일을 겪고 있는 친구에게 여러분은 어떤 식으로 말을 거나요? 설마 "너무 안 됐다"라고 말하지는 않나요? 이런 동정 어린 말을 하면 니체에게 당장 꾸중을 들을지도 모릅니다. 동정한다는 것은 자신이 상대보다 우위에 서서 상대를 내려다본다는 것을 반증하니까요.

여러분도 동정을 받고 유쾌하지 않은 기분을 느꼈던 적이 있지 않나요? 벌써 30년도 더 전에 있던 일인데, 〈집 없는 아이〉라는 드라마에서 배우 아다치 유미가 연기한 가난으로 고통받던 소녀는 이렇게 말했습니다.

"동정할 거라면 차라리 돈을 줘."

유행어가 될 정도로 강렬한 대사였는데, 요는 입으로만 불쌍한 사람에게 힘을 주려는 듯 굴지 말라는 뜻입니다. 특히 강인한 정신을 가진 사람은 이런 식으로 반발하고 싶을 만큼 동정받는 것에 굴욕감을 느낍니다.

동정이라는 이름으로
업신여기고 있지 않은가

뭔가 장애가 있는 사람에게 '불쌍하다'며 동정하는 사람이 있습니다. 그런데 이것은 건강한 사람의 오만 또는 차별이라고도 할 수 있습니다. 장애의 유무와 관계없이 인간 대 인간으로서 마주하는 대등한 관계에서 비로소 진정한 우정이 생겨납니다.

휠체어 테니스 선수인 구니에다 신고가 언젠가 인터뷰에서 한 말이 아직도 저의 뇌리 속에 남아 있습니다. 무척 힘써서 시합에 좋은 성과를 보이는 자신이 때로는 '장애가 있는데도 대단하다'라는 식의 평가를 받는다고 합니다.

그는 동정의 색안경을 끼지 않고 휠체어 테니스를 하나의 경기로 봐주길 바라며 노력해왔습니다. 자신의 플레이를 본 사람들이 순수하게 흥분하고 감동할 수 있도록 모든 에너지를 경기에 쏟아부었다고 해도 과언이 아닙니다.

그래서 구니에다는 도쿄 패럴림픽에서 금메달을 획득했을 때 "휠체어 테니스가 드디어 하나의 경기로 인식되었다"라고 말했는데, 그는 중요한 책임을 다한 상쾌함과 해방감을 느꼈을 것입니다.

"그럼에도 대단하네"라는 식으로 말하는 것은 동정이라는 이름으로 업신여기는 것일 뿐입니다. 니체라면 그런 식으로 상대를 낮춰 보는 말은 결코 하지 않았을 것입니다. 서로 높여주는 우정은 상대를 존중하는 데서 시작됩니다.

동정이 상대방의 힘을
빼놓을 수도 있다

우리는 자기도 모르는 사이에 '동정은 공감하는 것'이라 생각하는지도 모릅니다. 하지만 안일한 동정은 금물입니다. 괜한 동정은 상대방의 힘을 빼놓을 수도 있기 때문이지요.

예컨대, 당신이 열심히 일하고 있다고 해봅시다. 그럴 때 주위에서 "너무 무리하면 안 돼요. 아주 힘든 작업이잖아요. 잘못하면 몸이 망가져요. 이제 그만해도 되지 않을까요? 알아요, 이것보다 더 잘해야 한다는 부담감. 너무 피곤해 보이는데 안쓰러워요. 이제 그만해도 돼요"라는 말을 들으면 기분이 어떤가요? 의욕이 확 꺾이지 않을까요?

이렇게 우리는 누군가에게 공감하고 이해한다고 표현하면서 동정심으로 상대방의 의욕을 꺾고 성장의 발목을 잡는 경우가 많습니다. 하지만 이것은 니체가 말하는 '서로 높여주는 관계성'과는 정반대로 가는 셈이 됩니다. 동정을 통해 서로를 낮추고 업신여기는 관계는 진정한 우정이 아니라는 사실을 명심하세요.

⟨Impression, Sunrise⟩, Claude Monet, 1872

하찮은 인간들에게 가까워질 때는 조심하라. …

달아나라, 나의 벗이여. 그대의 고독 속으로.

○ 니체, 『차라투스트라는 이렇게 말했다』

제3장

말인이 아닌 초인이 되어라

1.

신의 죽음

도대체 이럴 수가 있는가?

저 늙은 성자는 숲속에서만 살아서

신이 죽었다는 이야기를

아직 듣지 못했구나.

○ 니체, 『차라투스트라는 이렇게 말했다』

이 말은 『차라투스트라는 이렇게 말했다』의 서설에 나옵니다. 서른 살에 고향을 버리고 산에 들어간 차라투스트라가 질릴 틈 없이 고독을 만끽한 10년이 지나고 갑자기 산에서 내려갈 결심을 합니다. 그는 과도한 빛을 자신에게 쬐어준 태양을 향해 이렇게 선언합니다.

보라. 나는 지금 너무나 많은 지혜를 갖고 있다.

꿀벌이 너무 많은 꿀을 모은 것처럼.

나는 나를 향해 뻗는 여러 손이 필요하다.

나는 내가 소유한 것을 주고 서로 나누리라.

_니체, 『차라투스트라는 이렇게 말했다』

앞에서도 언급했듯이 차라투스트라는 자신이 산속에서 얻은 지혜를 아낌없이 사람들에게 나누어주겠다고 생각하며 산에서 내려왔습니다. 도중에 숲속에서 만난 노인에게서 "인간들이 있는 곳에 가지 말라. 숲에 머물라"라는 말을 들었지만 개의치 않았습니다. 노인과 헤어진 후 마음속으로 중얼거린 것이 앞에 나온 말입니다. "당신은 숲속에서만 살아서 아직 듣지 못했단 말인가? 신은 죽었다."

"그렇다면 차라투스트라는 누구에게 들었단 말인가?" 하고 되묻고 싶지만, 일단 그 부분은 제쳐두기로 합시다. 어쨌든 "신은 죽었다"라는 한마디를 덤덤히 말했지만, 당시에는 전 세계적으로 충격이 상당했습니다.

인간과 세계를 창조한 신이 존재하지 않는다면 기독교가 지배하는 세계는 근본부터 흔들리기 때문입니다.

과학이 '신이 없는 세계'를
창조하기 시작했다

니체가 "신은 죽었다"라고 말한 배경에는 과학의 발전이 있습니다. 당시 기독교에서는 신의 존재를 위협하는 과학적인 사실이 존재해서는 안 되었습니다. 그 전형적인 예가 바로 '지동설'이지요. 니체가 태어나기 약 300년 전 코페르니쿠스가 지동설을 제기했고 갈릴레오 갈릴레이가 그것을 이어받아 발전시켰습니다. 갈릴레오는 1564년에 태어났으니 1844년에 태어난 니체보다 280년 전에 등장한 셈입니다.

지금은 '지동설'을 의심하는 사람은 없습니다. 아주 어린 아이조차 지구는 태양 주위를 돌고 있다는 사실을 압니다. 하지만 중세 유럽에서는 우주의 중심에 지구가 있고 그 주위를 태양과 행성들이 돈다는 '천동설'을 믿었습니다. 그렇지 않으면 신이 세계를 만들었다는 신화적 사실에 반하기 때문입니다. 그런 탓에 갈릴레오는 종교재판에 회부되었고 이단으로 단죄되었습니다.

니체보다 서른다섯 살 많은 다윈도 기독교에 충격을 안긴 과학자 중 한 사람입니다. 기독교적으로 보면 인간은 신이 창조했는데, 진화론을 주장한 다윈은 공통의 선조로부터 변이와 자연선택을 통해 생물이 진화했다고 주장했습니다.

단순화시켜 말하면, 생물은 아주 단순한 원시 생물에서 진화했고, 인간을 포함한 모든 생물은 신에 의해 하나하나 창조된 것이 아니라고 한 것입니다. 1925년 미국의 테네시주에서는 진화론 금지법이 제정될 정도로 저항이 강했지만, '신이 세계를 창조했다'는 세계관은 결국 붕괴되었습니다. 과학자들이 새로운 세계관을 제기함으로써 기독교의 지배 이데올로기가 붕괴하기 시작한 것입니다.

신의 존재가
인간의 성장을 방해했다

물론 기독교는 지금도 많은 사람의 신앙으로 자리하고 있습니다. 종교는 현시대에도 사람들 마음의 안식처로서, 또 마음의 혼란을 받아주는 곳으로서 존재감과 매력이 여전합니다.

하지만 이 세상과 인간을 신이 창조하지 않았다는 사실이 점점 분명해지고 있었습니다. 이때 니체가 나타나 기독교가 인간을 억압하고 있다, 거기서 해방되어 한 사람 한 사람이 자기 자신을 되찾아야 한다, 신은 이미 죽었다고 선언해버린 것입니다.

신이라는 전지전능한 존재가 있다고 생각하기 때문에 어차피 인간 따위는 아무것도 할 수 없다며 위축됩니다. 무언가 새로운 것에 도전하려는 의욕을 상실하게 되는 것입니다. 그래서 니체는 결과적으로 인간의 성장을 방해받는다고 주장한 것이지요. 세계관을 다시 쓰는 일대의 사건을 니체는 너무나도 간단히 해낸 것처럼 보일지 모르지만 그렇지는 않습니다. 목사의 가정에서 태어난 니체가 "신은 죽었다"라고 공언한 일은 목숨을 건 도전이었습니다.

현실에서 보면 신적인 존재를 믿음으로써 힘이 생기기도 합니다. 신앙을 가졌다고 해서 창의적이지 않은 것도 아닙니다. 우리가 받아들여야 할 것은 '이 세상에 절대적인 존재는 없다. 그런 존재가 없는 이상 두려워하지 않아도 된다. 주눅 들지 말고 자신의 생각 그대로 자유롭게 살라'는 메시지입니다. 고개를 떨군 채 하루하루를 보내기보다는 당당하게 등을 쭉 펴고 고개를 들어 앞을 바라보길 바랍니다.

2.

낙타, 사자, 어린아이

그대는 하나의 새로운 힘인가

새로운 권리인가

원시의 운동인가

자신의 힘으로 돌아가는 수레바퀴인가

○ 니체, 『차라투스트라는 이렇게 말했다』

니체는 정신의 발달을 세 단계로 보았습니다. 위의 말을 설명하기 전에 정신의 세 가지 변화에 대해 살펴보겠습니다. 우선 니체는 이렇게 말했습니다.

나는 그대들에게 정신의 세 가지 변화를 이야기하고자 한다. 어떻게 하여 정신이 낙타가 되고, 낙타는 사자가 되며, 사자가 마침내 어린아이가 되는가를.

_니체, 『차라투스트라는 이렇게 말했다』

니체는 이 세 단계를 각각 '낙타', '사자', '어린아이'라고 이름 붙였습니다. 세 단계가 어떤 상태를 의미하는지 하나씩 살펴봅시다. 먼저 '낙타의 시기'입니다.

경외가 깃든, 강력하고 무거운 짐을 버티는 정신은 수많은 무거운 것과 조우한다. 그리고 이 강인한 정신은 무거운 것, 가장 무거운 것을 요구한다.

무엇이 무겁기에 짊어지는 데 뼈가 부러지는가, 이 무거운 짐을 버티는 정신이 묻는다. 그리고 낙타처럼 무릎을 꿇고 충분히 무거운 짐을 쌓기를 바란다.

_니체, 『차라투스트라는 이렇게 말했다』

'낙타의 시기'란 이른바 수행의 시기와 같습니다. 자

유롭게 행동하지 못하고 스스로 나서서 의무를 행하는 과정에서 때로는 자기비하에 빠지고 고통과 괴로움을 느끼며 사회의 규범을 배워가는 시기를 의미합니다.

이윽고 정신은 자유를 원하게 되고 '사자의 시기'를 맞이합니다.

> 고독의 극치인 사막 속에서 두 번째 변화가 일어난다. 그때 정신은 사자가 된다. 정신은 자유를 자기 것으로 만들고자 하며, 자기 자신이 선택한 사막의 주인이 되려고 한다.
>
> _니체, 『차라투스트라는 이렇게 말했다』

자아를 획득하고 자기주장을 하는 것이 '사자의 시기'입니다. 설령 의무로 여겨지던 것이라도 자유의지대로 "아니요"라고 말할 수 있습니다. 이 말에서 저는 1960년대 미국의 젊은이들을 중심으로 전개한 '카운터 컬처counter culture'를 떠올렸습니다. 카운터 컬처는 기성 문화를 근본적으로 비판하는 새로운 문화로 등장했습니다. 미국 사회가 '사자의 시기'였다고 할 수 있습니다.

같은 시기에 등장한 록 음악도 그중 하나입니다. '체제적인 사고방식을 무너뜨리자'며 록 스피릿이 작렬했습니다. 또 골드러시 시대에 작업복으로 입던 청바지가 패션 아이템으로 주목받고, 엘비스 프레슬리나 말론 블란도, 제임스 딘 같은 새로운 스타들의 반항아적인 멋을 상징하는 패션으로 변해갔습니다. 이런 현상도 '사자의 시기'를 상징합니다.

그럼 마지막으로 정신의 완성형인 '어린아이의 시기'란 무엇일까요?

어린아이는 순진무구요 망각이며, 새로운 시작, 놀이, 자신의 힘으로 돌아가는 수레바퀴이며, 최초의 운동이자 거룩한 긍정이다.

그렇다, 형제들이여. 창조라는 유희를 위해서는 거룩한 긍정이 필요하다. 정신은 이제 자기 자신의 의지를 원하며 세계를 상실한 자는 자신의 세계를 획득하게 된다.

한마디로 말하면 '어린아이의 시기'란 모든 것을 긍정하며 놀이하는 시기를 가리킵니다. 그렇다고 어린아이로 되돌아가는 것은 아닙니다. 사회의 규칙에 속박되어 살아가는 부자유스러움과 고통을 알고, 그 경험을 통해 구태의연한 가치관에 반항하고 자기주장의 기술을 배우는 것. 그 끝에 열리는 순진무구한 정신의 상태를 의미합니다. 바꿔 말하면 정신이 '어린아이의 시기'에 도달하면 자신을 전부 긍정하고 새로운 가치를 만들어낼 수 있다는 것입니다.

예를 들면, 피카소와 같은 정신성이 그러합니다. 피카소의 그림은 언뜻 보기에 어린아이가 그린 것 같습니다. 피카소의 그림을 본 초등학생이 감상문에 "나도 그릴 수 있을 것 같았다"라고 썼다는 이야기도 있습니다. 피카소 자신도 만년에 "이 나이가 되어 겨우 아이처럼 그릴 수 있게 되었다"라고 말했으니 참으로 흥미롭습니다. 여러 가지 인생의 경험을 쌓고서야 비로소 아이가 놀이하는 것처럼 즐겁게 그림을 그리는 경지에 도달할 수 있었다는 뜻입니다.

또 '어린아이의 시기'를 몸소 보여준 인물로 료칸 선사禪師를 꼽을 수 있습니다. 료칸 선사는 아이들과 뒤섞여 놀기를 즐겼습니다. 그는 다음과 같은 노래(단가)를 남겼지요.

이 마을에서 공놀이하면서 아이들과 시간을 보내는
봄날 하루가 저물지 않았으면
서리 내리는 긴 봄날을 아이들과 공놀이하며 오늘
도 보내는구나

료칸 선사의 제자인 데이신니는 그를 방문했을 때 자리에 없으면 편지 삼아 공에 이런 노래를 덧붙였다고 합니다.

이렇게 불도의 길에 놀면서 닿을 듯 닿지 못하는 곳

이것이 불도의 길에서 하는 공놀이. 가도 가도 끝이 없는 것이 불교의 가르침이라는 의미입니다. 이에 료칸 선사는 이렇게 답했습니다.

잡아보라. 하나, 둘, 셋, 넷, 다섯, 여섯, 일곱, 여덟, 아홉, 열. 열에서 끝나면 다시 시작되니.

하나, 둘, 셋, 넷 하고 세면서 공을 잡고 열에서 끝나면 다시 시작되는데, 이런 공놀이처럼 불교의 가르침도 끝이 없다는 것을 말하고 있습니다. 료칸 선사는 손으로 하는 공놀이를 통해 '불도'를 바라본 것입니다. 니체가 말한 '어린아이의 시기'를 보여주는 것 같습니다.

이러한 '정신의 세 가지 변화'를 알았으니 다시 니체의 글을 음미해보세요. "그대는 하나의 새로운 힘인가, 새로운 권리인가, 원시의 운동인가, 자신의 힘으로 돌아가는 수레바퀴인가." 이렇게 자신에게 던지는 물음에서 '자유인'으로서 존재하고 싶은 마음이 느껴지지 않나요.

이 감각을 젊은 사람은 물론이고 나이 든 사람도 소중히 여겼으면 좋겠습니다. 요즘은 환갑이 넘고 칠순이 넘어도 20년이라는 인생이 남아 있습니다. 이미 일과 육아를 통해 충분히 사회적 의무를 다했으니, 이제 '어린아이의 시기'에 몰입해도 좋습니다.

어린아이처럼 신나게 놀고 재미있는 도전을 통해 새로운 가치를 창조해보세요. 그때는 이제껏 모아둔 돈을 아낌없이 써도 됩니다. 놀이도 즐기고 경제도 살리는 데 기여할 수 있습니다. 니체의 이 말은 남녀노소 누구나 세상의 속박에서 벗어나 자유를 구가하는 마음과 창조성으로 향하는 의욕을 북돋아줍니다.

3.

자기를 열다

많은 것을 보기 위해

자기 자신을 도외시할 필요가 있다.

○ 니체, 『차라투스트라는 이렇게 말했다』

자기 자신을 도외시한다는 것은 자신에 대한 의식을 버리는 일입니다. 자신에 대한 의식을 갖는 것은 중요해 보이지만, 자의식만 강해지면 바깥 세계에 대해 눈을 감아버릴 위험이 있습니다. 자의식 과잉 상태가 되면 자기 안에 갇히기 쉽고 시야가 좁아지는 데다가, 밖으로 자신을 열어 보이는 일이 힘들어집니다.

셀카만 찍는 사람이
잃어버린 것들

한 10년 전까지만 해도 자신의 모습을 사진으로 찍고 싶으면 다른 사람에게 부탁하는 것이 당연했습니다. 자신의 카메라를 누군가에게 맡기고 "이곳을 배경으로 찍어주세요" 하고 부탁해야 했지요. 물론 스스로 자신을 찍는 것이 불가능하지는 않았습니다. 하지만 각도상 가장 좋은 위치에 카메라를 두고, 타이머를 설정하고, 마지막에 자신이 서야 할 위치로 돌아와 셔터가 내려오기를 기다리는 일이 번거로웠습니다. 게다가 실패하는 경우가 많아 타이머를 사용하는 사람이 그리 많지는 않았습니다.

물론 지금은 스마트폰으로 너무나 쉽게 셀카를 찍을 수 있습니다. 게다가 프리뷰 화면을 통해 사진이 어떻게 찍힐지 확인하면서 셔터를 누를 수 있어 실패할 확률도 적고요. 이런 손쉬움과 더불어 SNS로 높아진 자기 인정 욕구 때문에 셀카만 찍는 사람들이 늘어나고 있습니다. 이런 행위 자체가 자기 자신에게만 빠져 있다는 것을 보여주는 듯합니다.

예를 들어, 여행지에서 "우와, 예쁘다", "멋지네" 하고 감동하며 찍은 모든 사진에는 자기 얼굴이 등장합니다. 이런 사람은 풍경 자체를, 다시 말해 자기가 없는 풍경을 순수하게 즐기지 못합니다. 그러니 풍경을 기억에 담아두기도 어렵지 않을까요? 뜨끔한 사람은 의식적으로 사진에서 자신을 없애보길 바랍니다. 그렇게만 해도 아름답고 훌륭한 풍경을 있는 그대로 즐길 수 있습니다. 하늘과 산, 바다를 수놓은 풍요로운 색채가 그대로 눈에 들어옵니다.

풍경이든, 건물이든, 요리든, 물건이든, 또는 스포츠 관람이나 연극 관람, 예술품 감상에서도 일단 자신을 도외시해보세요. 그러면 순식간에 시야가 넓어지고 감성이 풍성해집니다. 니체가 말하듯이 많은 것을 볼 수 있습니다.

자신을 도외시하면
멋진 세계가 눈에 들어온다

자신에게만 눈이 가는 사람은 누구와 있어도 자신과 비교하는 경향이 있습니다. 그러다가 자기보다 우월하다고 생각되면 인정하고 싶지 않아 질투심을 불태우지요. 반대로 자기보다 열등하다고 생각되는 사람을 보면 불필요하게 고압적인 태도를 보이기도 합니다.

예컨대, 남자와 여자가 사귀고 있는데, 여자가 좋아하는 남자 연예인이 있다고 해봅시다. 남자가 "저 정도는 아무것도 아니네" 하고 그 남자 연예인을 깎아내리는 경우가 있습니다. 그러면 여자는 자신마저 깎아내려진 듯해 기분이 좋을 리 없습니다. 저는 이런 식으로 남녀 사이가 나빠지는 경우를 적잖이 보았습니다.

애당초 인기 연예인과 자신을 비교하다니 참으로 무의미한 일입니다. 비교라 함은 무언가 공통점이 있어야 성립 가능하기 때문이지요. 카레라이스와 찐빵 중 무엇이 맛있느냐고 묻는 것처럼 서로 비교 대상이 안 되는 것을 비교하는 셈입니다. 그런데도 그 연예인을 잘 알지도 못하면서 "저렇게 기생오라비같이 생긴 남자애가 어디가 좋다는 거야? 얼굴도 별로고 노래, 춤, 연기 모두 별로잖아"라며 자신이 훨씬 우월한 사람인 것처럼 말을 합니다.

본인은 우위를 점하려고 하는 말인지 모르지만, 오히려 '그릇이 작은 사람'처럼 보일 뿐입니다. 좋고 싫음의 취향은 저마다 다르니 어쩔 수 없지만, 거기에 질투심이 숨어 있으면 사람의 그릇이 너무 작아 보입니다. 하지만 자신을 도외시한다면 상대를 가리지 않고 자신과 비교함으로써 생기는 불필요한 경쟁을 피할 수 있습니다. 대상을 공정한 눈으로 바라보고 좋은 점을 칭찬하는 넓은 도량을 가질 수 있기 때문입니다.

앞의 사례라면 여자 친구가 좋아하는 남자 연예인의 매력을 인정하면 됩니다. 자기애가 너무 강하면 자신을 좁은 세계에 가두어버리기 쉽습니다. "많은 것을 보기 위해" 자신을 도외시하고 만물을 적대시하지 않고 순수한 마음으로 대하는 것이 좋습니다. 이런 '열린 마음'이 있으면 관용적인 관점과 사고방식을 갖게 되고 자신의 시야가 더 넓어집니다.

이처럼 자신을 도외시하는 것은 일본의 동화작가 미야자와 겐지가 모토로 삼은 삶의 방식이기도 합니다. 그는 「비에도 지지 않고」라는 시에서 이렇게 썼습니다.

여러 가지 일에 자신을 계산에 넣지 않고

잘 보고 듣고 이해하고

그리고 잊지 않고

"자신을 계산에 넣지 않는다"라는 표현이 너무 멋지지 않나요! 다른 사람과의 경쟁에서 살짝 벗어나 사람들의 이야기를 잘 들어주고, 그 이야기를 잊어버리지 않는 것. 그런 자세에서 인간으로서의 매력이 느껴집니다. 미야자와 겐지 안에 니체와 통하는 부분이 있다니 신선한 발견이 아닐 수 없습니다.

4.

질투심의 극복

여러 가지 덕은 다른 덕에 대해

질투하는 마음을 품는다.

질투란 무서운 것.

덕은 질투 때문에 파멸하기도 한다.

질투에 사로잡힌 사람은 결국

전갈처럼 제 자신에게 독침을 겨누게 된다.

○ 니체, 『차라투스트라는 이렇게 말했다』

질투심이 강하면 상대방을 미워하게 됩니다. 상대방의
뛰어난 부분을 보고 "대단하다. 좋겠다" 하고 부러워하
고, "그에 비하면 나는…" 하고 부족함을 느끼거나, "어

째서 저 인간만 잘되지?" 하고 시기합니다. 이런 생각이 가볍게 드는 정도라면 그나마 다행이지만, 대부분의 경우에는 그렇지 못하고 미워하는 감정으로 번집니다. 그만큼 질투심은 제어하기 힘든데, 니체는 『선악의 저편』이라는 작품에서 질투와 미움의 관계를 다음과 같이 적었습니다.

> 경시하는 한 증오하는 일은 없다. 오히려 동등하거나 자신보다 위라고 인정할 때 비로소 증오한다.
> _니체, 『선악의 저편』

그러고 보니 사람들은 자신보다 아래라고 생각하는 사람을 질투하거나 미워하는 일은 없는 듯합니다. 마찬가지로 특출나게 뛰어난 사람에게도 질투심은 잘 생기지 않는 것 같습니다. 애초에 그 사람과 겨뤄봐야겠다는 마음도 생기지 않고, 따라서 미워하는 마음으로 번지지도 않습니다.

문제는 자기 자신과 비슷하거나 아주 조금 뛰어난 사

람, 다시 말해 조금만 열심히 하면 어깨를 견줄 수 있을 것 같은 상대입니다. 질투를 느낄 뿐만 아니라, 그 사람이 자신보다 좋은 평가를 받거나 좋은 대우를 받으면 '왜 내가 아니라 저 사람이어야 하지?' 하고 미움이 생깁니다.

니체가 극복해야만 한다고 말한 질투는 선악, 우열, 미추美醜 등의 가치관에서 생기는 것으로 이해하면 됩니다. 자신의 가치관을 세우지 못하고, 누군가와 또는 무언가와 비교해 우열을 가리려고 하니 질투심이 생긴다고 본 것입니다. 이런 질투심이 무서운 까닭은 결국에는 자기 자신에게 독침을 겨누기 때문이지요.

| 질투의 끝은 비극

앞에서 인용한 니체의 문장 후반부 두 줄의 표현이 재미있습니다. 어째서 '전갈'이 등장하는지 의아하게 느낄 수 있는데, 사실 1800년대 말까지 전갈은 자기 주변이

불로 뒤덮이면 스스로 몸을 찔러 죽는다는 이야기가 있었습니다. 그래서 니체는 전갈과 질투를 서로 연결시킨 것입니다.

하지만 이 가설은 곤충학자 파브르의 실험을 통해 진실이 아니라는 것이 증명되었습니다. 전갈은 주변으로 불을 일으켰더니 일시적으로 공황 상태에 빠져 움직이지 않았지만, 밖으로 꺼내 차가운 돌 위에 두자 한 시간 만에 다시 움직이기 시작했습니다.

어쨌든 질투심은 불타오르도록 그냥 내버려두어서는 안 됩니다. 질투가 얼마나 무서운지는 셰익스피어의 『오셀로』에 잘 나타나 있습니다. 줄거리를 간단히 소개하자면, 베네치아의 무어인 군인 오셀로는 아버지의 반대를 무릅쓰고 아름다운 데스데모나와 결혼합니다. 오셀로를 미워하던 부하 이아고는 자신을 제쳐두고 승진한 동료 캐시오를 질투하고 있었습니다. 그래서 이아고는 오셀로와 캐시오를 동시에 무너뜨리고자 계략을 꾸밉니다. 오셀로에게 캐시오가 데스데모나와 정을 통하고 있다고 거짓을 고한 것입니다.

오셀로는 거짓말을 믿어버리고는 분노한 나머지 이아고에게 캐시오를 죽이도록 명령합니다. 나아가 질투심에 불탄 오셀로는 자신의 손으로 데스데모나를 살해하고 맙니다. 하지만 그 직후에 진실을 알게 된 오셀로는 스스로 목숨을 끊어버립니다.

질투심이 이중, 삼중으로 얽히는 바람에 일어난 비극입니다. 이 작품의 3막 3장에서 셰익스피어는 질투를 "그린 아이드 몬스터green eyed monster"라고 표현했습니다. 이아고는 자신이 오셀로를 부추겼으면서 뻔뻔하게 오셀로에게 이렇게 말합니다.

"각하, 질투를 조심하세요. 그것은 먹잇감을 조롱하는 초록 눈의 악마입니다."

니체가 '전갈'이라고 표현한 것은 이 괴물을 뜻합니다. 질투의 감정은 하찮은 인간이 품는 것이니 그런 하찮음에서 벗어나라는 것이 니체의 메시지였습니다.

비교하려면
과거의 나 자신과 비교하라

그럼 질투의 불길이 타오르는 것을 미연에 방지하려면 어떻게 해야 할까요? 가장 좋은 방법은 자기 자신을 비교의 대상으로 삼는 것입니다. 스포츠 선수의 경우 자신의 베스트 기록을 내는 것이 될 수 있습니다. 경쟁자보다 좋은 기록을 내서 이기고 싶은 마음은 던져버리고, 자신의 최고 기록을 넘어서는 데만 집중하는 것입니다.

가령, 프로야구 선수라면 타율이나 홈런 수, 최다 안타, 최다 도루, 최다 승리 등의 타이틀을 노리다 보면 경쟁을 피할 수 없습니다. 아무래도 자기보다 잘하는 선수에게 질투심이 생기게 마련입니다. 하지만 200타점이나 타율 3할, 도루 30개, 선발 15승, 투구 시속 150km 이상 등의 목표를 설정하면 싸우는 상대는 바로 자기 자신이 됩니다. 즉, 질투와는 무관하게 지낼 수 있지요.

직장에서 일할 때도 영업 성적, 월급, 인사 평가 등 모든 것에서 늘 과거의 자기 자신을 뛰어넘으려는 마음가짐이 바람직합니다. 공부도 시험 때마다 등수에 전전긍긍하지 말고, 이전의 최고 점수보다 더 높아졌는지, 또는 지망하는 대학에 합격할 확률이 올라갔는지를 체크하면 됩니다. 그러다 보면 다른 사람의 점수나 등수에는 신경 쓰지 않을 수 있습니다.

매사에 "내 경쟁 상대는 과거의 나 자신이다"라고 당당하게 말하는 편이 다른 사람들과 비교하며 질투심을 드러내고 소란을 피우는 사람보다는 훨씬 멋집니다.

불타오른 질투의 불길을 끄는 방법

질투심이 끓어오르면 그 불씨가 아직 작을 때 얼른 꺼버리는 것이 좋습니다. 이를 위한 방법은 두 가지가 있습니다.

첫 번째 방법은 자신보다 뛰어난 능력을 갖춘 사람을 순순히 칭찬하는 것입니다.『우주소년 아톰』,『밀림의 왕자 레오』등을 그린 만화가 데즈카 오사무는 이런 면에서 모범이 되는 인물입니다. 그토록 뛰어난 재능을 가진 데즈카 오사무도 자신에게 없는 재능을 다른 이에게서 발견하면 상당히 질투심을 느꼈다고 합니다. 이런 에피소드가 전해지고 있습니다.

이시노모리 쇼타로가『COM』이라는 잡지에 만화가를 지망하는 소년이 환상의 세계를 여행하는 모습을 그린 작품「준」을 연재했을 때의 일입니다. 이 작품은 대사가 거의 없고 그림과 컷의 흐름만으로 스토리가 진행되는 실험적인 표현 기법을 구사하며 주목을 받았습니다. 이에 질투를 느낀 데즈카 오사무는 한 독자에게 보낸 편지에서「준」을 폄하했는데요. 그의 혹평을 전해 들은 이시노모리 쇼타로는 연재를 미루려고 했습니다. 존경하는 데즈카 오사무에게 인정받지 못한 충격이 너무 컸던 탓입니다.

그러자 당황한 쪽은 데즈카 오사무였습니다. 그는 곧

장 이시노모리 쇼타로의 집으로 찾아가서 "그건 내가 질투심 때문에 그랬다. 너무 부러웠다. 참으로 미안하다"라며 사과했습니다. 질투를 하기는 했지만, 그런 자신을 반성하고 솔직하게 사과하며 상대방의 재능을 인정하는 것. 이러한 과정을 거칠 수 있다면 질투의 불씨가 아직 작을 때 잠재울 수 있습니다.

여러분도 '이건 내가 질투하고 있구나'라고 자각한다면 서둘러 "미안해. 내가 질투했어"라고 밝히는 것이 좋습니다. 질투한 사실을 털어놓음으로써 질투의 독침이 자신을 찌르는 것을 피할 수 있으니 말입니다.

질투의 불길을 끄는 또 하나의 방법은 질투심을 향상심으로 전환하는 것입니다. 무의식적이었겠지만 데즈카 오사무도 이 방법을 실천했습니다. 모 만화가가 요괴 붐을 일으켰을 때, 데즈카 오사무는 '나도 그릴 수 있을 것 같다'라며 자신을 격려했습니다. 그 결과 햐키마루가 요괴를 퇴치하기 위해 여행을 나서는 「도로로」를 연재하기 시작했습니다. 또 사실적인 묘사의 그림이 유행하자, 자신을 아동용 만화가로만 바라보는 시선에

제3장 말인이 아닌 초인이 되어라

141

노이로제가 걸릴 만큼 고뇌했습니다. 고뇌의 결과, 후기의 대표작 「블랙잭」을 탄생시킬 수 있었지요.

이처럼 질투심이 사람의 마음을 미치게 만드는 것만은 아닙니다. 자신에게 없는 재능을 순수하게 인정하면 마음이 편해지고, 향상심의 연료로 삼으면 자기 안에 잠재된 새로운 재능에 눈을 뜰 수 있습니다. 니체의 말을 가슴에 품고 질투심을 잘 활용해보길 바랍니다.

5.

내장 최강

지상의 것을 멸시하도록

그대들의 정신은 교육받았다.

하지만 그대들의 내장에는

그 가르침이 새겨지지 않았다.

그 내장이 그대들이 가진 가장 강한 것이다.

○ 니체, 『차라투스트라는 이렇게 말했다』

"지상의 것을 멸시"한다는 것을 반대로 말하면 '천상의 것을 숭배한다'는 것입니다. 니체는 이 말을 통해 그대들의 정신은 기독교 도덕에 중독되었다고 지적하고 있습니다. 앞에서도 말했듯이, 그러므로 인간은 스스로 자신감을 느끼지 못하고 시시한 존재가 되어버립니다. 하지만 그 '기독교 도덕의 오염'을 면한 것이 있으니 바로 '내장'입니다. 내장이 가장 강하다는 표현이 참으로 재미있습니다.

내장에는
'삶에의 의지'가 가득하다

'내장이 가장 강하다'라는 니체의 사고관은 내장은 말을 알아듣지 못하는 덕분에 기독교의 마인드 컨트롤을 당하지 않았고 그만큼 강하다는 것입니다. 우리의 내장인 심장, 위, 장이 모두 태곳적부터 줄곧 자율적으로 움직이고 있는 건 사실입니다. 정신과 달리 내장은 여러 사상이나 사고방식이 들어와도 스스로가 본래 해야 할 것을 잃어버리는 일은 없었습니다. 그저 생물로서의 의지를 갖고 아무런 망설임 없이 해야 할 일을 착실히 수행할 따름입니다.

폐는 공기 중의 산소를 몸속으로 받아들이고 불필요한 이산화탄소를 몸 밖으로 배출합니다. 심장은 온몸의 혈액을 순환시킵니다. 위와 장은 음식물을 소화하고 영양소와 수분을 흡수하며 노폐물을 변으로 배출시킵니다. 신장은 혈액을 여과시켜 몸속에 쌓인 노폐물과 수분, 과잉 섭취한 염분 등을 소변과 함께 몸 밖으로 내보냅니다.

이렇게 내장은 각자 맡은 역할을 담담하게 수행하고 있습니다. 이런 내장을 가장 강하다고 표현한 니체는 앞서 보았듯이 "육체는 하나의 위대한 이성"이라고 말했습니다. 대부분의 경우 철학은 육체를 경시합니다. '생각하는' 행위의 주체인 뇌에 이성이 깃들어 있다고 보았습니다.

하지만 니체는 완전히 반대로 바라보았습니다. 육체야말로 커다란 이성이며 뇌의 이성을 육체의 도구로 본 것입니다. 이는 시대를 앞서간 사고방식이라고도 볼 수 있습니다. 실제로 현대 과학에서는 내장에 초점을 맞춘 저서가 여럿 발표되었습니다. 그중 하나가 해부학자인

미키 시게오가 쓴 『태아의 세계』입니다. 이 책은 인간이 어머니의 태내에 있는 열 달 동안 진화의 과정을 재현한다는 설을 이야기합니다.

태아는 처음에 아가미와 꼬리가 달린 물고기 같은 형상을 하고 있습니다. 시간이 지나 아가미가 사라지면 폐가 형성됩니다. 그런 다음 꼬리가 사라지고 토끼를 닮은 포유류의 형태가 됩니다. 이후에 인간으로서 살아가는 데 필요한 여러 기관의 기반이 형성된다고 합니다. 즉, 육체에는 진화의 역사 속에 축적된 방대한 지혜가 담겨 있다는 말입니다. 실로 장대한 이야기가 아닐 수 없습니다. "육체는 하나의 위대한 이성"이라는 니체의 말을 그대로 보여주는 세계관입니다.

미키 시게오는 『내장과 마음』이라는 책에서도 인류가 4억 년에 걸쳐 진화해온 생명의 기억은 내장에 있다는 사고관을 보여줍니다. 또 『장과 숲의 흙을 키우다』라는 책에서는 내장 환경이 인간에게 가장 가까운 자연환경이라는 흥미로운 이론을 전개했습니다.

흙 속에 사는 미생물이 음식물과 함께 인간의 장으

로 옮겨 왔고, 그것이 바로 장내 세균의 기원이라는 것입니다. 듣고 보면 일리가 있습니다. 장腸이라는 내장이 흙, 나아가 지구와 연결되어 있다는 사실에서 상당한 확장감을 느낍니다. 니체의 '내장 최강설'이 시간이 지나 오늘날 과학적으로 증명되고 있는 듯합니다.

중요한 것은 모두
육체에 물어보라

니체는 매우 중요한 조언을 하고 있습니다.

"중요한 것은 육체에 물어보라."

"고민되거나 혼란스럽다면 육체에 물어보라."

식사를 생각해보면 이해하기 쉽습니다. 어떤 음식을 먹을지 결정할 때 여러분은 무엇을 판단 기준으로 삼나요? 건강에 좋은 음식을 먹는 것을 모토로 삼는 사람은 머리로 생각합니다. 하지만 때로 '오늘은 카레가 당기는데', '왠지 채소가 너무 먹고 싶어', '기름진 음식을 몸에 넣어주고 싶네'라는 생각이 들 때가 있지 않나요. 이럴 때는 몸의 목소리를 따르는 것도 좋습니다. 무언가를 먹고 싶다는 욕구가 생기는 것은 몸의 목소리를 포착한 것이기 때문이지요.

여담이지만 얼마 전 NHK의 한 프로그램에서 후각과 식사 행동의 관계에 관한 흥미로운 실험을 진행했습니다. 보통 장어 냄새가 나면 장어가 먹고 싶어지고, 카레 냄새가 나면 카레가 먹고 싶어진다고 생각합니다. 하지만 순서가 뒤바뀌었습니다. 장어를 먹고 싶기 때문에 장어의 냄새를 느끼고, 카레가 먹고 싶기 때문에 카레의 냄새를 느낀다고 합니다.

실제로 카레를 먹고 배가 부른 제작진의 눈을 가린 상태에서 눈앞에 카레를 두고 무슨 냄새가 나는지 물어보았습니다. 그는 "밥 냄새가 난다"라고 대답했지요. 방금 카레를 먹은 뒤여서 카레를 먹고 싶은 마음이 들지 않았고, 그래서 카레 냄새를 느끼지 못한 것입니다. 먹고 싶다고 생각하는 마음이 냄새를 인식시킨다니 충격적인 실험 결과였습니다. 위胃라는 내장도 이성이라고 말할 수 있을 것 같습니다.

식사뿐만 아니라 '몸의 목소리'는 다양한 상황에서 표현됩니다. 여러분도 일상적으로 듣고 있을 것입니다. '육체는 이성'이라는 사고방식은 서양 철학에서는 뜬금 없지만, 동양에서는 꽤 친숙하기 때문입니다. 그 증거로 몸의 부위로 감정의 움직임을 표현하는 관용구가 많습니다. 귀가 빨개지다, 어깨가 처지다, 다리가 무겁다, 콧대가 높다 등등. 물론 육체와 관련된 관용구는 동양뿐만 아니라 세계 곳곳의 언어에서 나타납니다. 관용구에는 신체와 관련된 지혜가 축적되어 있으니까요.

지금은 정보가 넘쳐나는 탓인지 '육체의 이성'이 경시되는 경향이 있습니다. 육체와 관련된 관용구를 접해보고 그 중요성을 다시금 인식하면 좋겠습니다. 무언가 곤란하거나 고민되는 일이 생기면 육체에 물어보세요. 자신이 하고 싶지 않은 일이라면 몸은 분명 거부 반응을 보일 것입니다. 반대로 하고 싶은 일을 할 때는 몸이 활기를 띱니다. 이처럼 몸의 목소리에 귀를 기울이고 하나의 판단 기준으로 삼아보면 좋겠습니다.

6.

초인

초인은 독일어로 '위버멘쉬Übermensch'라고 합니다. 영어로 번역하면 '슈퍼맨Superman'이라고 할 수 있습니다. 영국의 극작가 조지 버나드 쇼는 1903년에 『인간과 초인』이라는 철학적 희곡을 발표했습니다. 돈 후안의 전설을 니체의 초인 사상과 생명력의 철학으로 재해석한 작품입니다. 이때 니체의 위버멘쉬에서 시작된 슈퍼맨이 세월이 흘러 만화와 영화, 드라마 등에서 큰 인기를 얻은 하늘을 나는 영웅이 되었다고 생각하니 자못 흥미롭습니다.

초인을 목표로 하는 것
자체에 의미가 있다

그건 그렇고 니체는 어째서 '초인'이라는 개념을 만들어낸 것일까요? 지금의 인간들로는 안 된다고 생각했기 때문입니다. 기독교가 지배하던 당시 인간은 당연히 신이 있어야 내가 있다고 생각했습니다. 인간은 신보다 아래에 있으며 무엇을 해도 전지전능한 신에게는 비할 수 없는 하찮은 존재라고 생각했지요.

그렇게 신 앞에서 비굴해지는 한편, 하찮은 인간들끼리 조금이나마 위에 서려고 서로의 발목을 잡으며 서로가 가진 재능을 시기하고 질투했습니다. 이것을 니체는 '인간적'이라고 표현했습니다. 『인간적인 너무나 인간적인』이라는 니체의 잠언집이 있는데, 이 제목은 그야말로 인간에 대한 니체의 한탄이기도 합니다. 그래서 굳이 "신은 죽었다"라고 말하며, 이제는 인간의 세계가 되었으니 지금까지 하찮은 존재였던 자신을 초월해 초인이 되어야 한다고 주장합니다. 그러면서 이를 위해 당신은 무엇을 했느냐고 묻습니다.

이어지는 구절에서 니체는 인간이 지향해야만 하는 '초인'을 원숭이와 벌레에 빗대어 이야기합니다. 표현이 독창적이고 이해하기 쉬우니 소개해보겠습니다.

인간에게 원숭이란 무슨 의미인가?

웃음거리 또는 부끄러움의 대상이다.

초인에게 인간이란 마치 그런 것이어야만 한다.

웃음거리 또는 부끄러움이어야만 한다.

그대들은 벌레에서 인간으로 가는 길을 걸어왔다.

하지만 그대들 안에는 아직 많은 벌레가 들끓는다.

게다가 그대들은 원숭이였다.

지금도 인간은 어떤 원숭이보다도 더한 원숭이다.

_니체, 『차라투스트라는 이렇게 말했다』

니체는 지금 진화론을 말하는 것이 아닙니다. 어디까지나 초인을 지향하는 것에 가장 큰 의의를 두고 있지요. 다만 여기서는 인간이 진화의 과정을 거쳐온 벌레나 원숭이에서 아직 벗어나지 못했다는 점을 지적하고 있습니다. "원숭이로 있어도 괜찮은가? 인간적인, 너무나 인간적인 자들이여"라고 말하고 싶었던 것입니다.

무언가를 한 뒤에
얻는 것이 있으면 된다

'인간을 뛰어넘는다'라고 하면 상당히 장벽이 높은 것처럼 느껴질지도 모릅니다. 하지만 좀 더 가볍게 생각하면 이런 것이 아닐까요? '비포 앤 애프터before & after'처럼 무언가를 하기 전과 후를 비교해 자신을 뛰어넘었다고 생각하는 것입니다.

가령, 지금까지 읽어본 적 없던 도스토옙스키의 책을 읽기로 하고 먼저 『죄와 벌』에 도전하는 것입니다. 이 책을 독파하면 도스토옙스키를 읽은 적이 없던 나 자신을 뛰어넘는 셈이 됩니다. 그다음에는 『카라마조프가의 형제들』을 읽습니다. 다시금 도스토옙스키의 작품 중에서 『죄와 벌』밖에 읽지 않았던 자신을 뛰어넘는 것이지요.

만약 차라투스트라가 "너 자신을 뛰어넘기 위해 무엇을 했는가?"라고 묻는다면 당당하게 "도스토옙스키를 읽었다. 『죄와 벌』, 『카라마조프가의 형제들』을 읽었다"라고 대답할 수 있습니다. 이런 식으로 무언가 새로운 일에 도전하고 지금까지 몰랐던 것을 만나게 되면 이를 계기로 새로운 세계가 펼쳐집니다. 그것이야말로 니체가 말하는 '초월'의 의미일 것입니다.

여러분도 부디 '비포 앤 애프터'를 의식해 지금까지 하지 않았던 일에 도전해보길 바랍니다. 그러면 비로소 '초인'으로 가는 길이 보일 것입니다.

⟨Wanderer above the Sea of Fog⟩, Caspar David Friedrich, c.1818

나는 그대들에게 초인을 가르치노라.

인간이란 뛰어넘어야만 하는 것이다.

그대들은 인간을 뛰어넘기 위해 무엇을 했는가.

○ 니체, 『차라투스트라는 이렇게 말했다』

제4장

높은 곳을 지향하라

1.

행복

이것이 나의 아침이다.

나의 날이 시작된다.

자 올라라 올라와라,

그대 위대한 정오여.

○ 니체, 『차라투스트라는 이렇게 말했다』

『차라투스트라는 이렇게 말했다』의 마지막을 밝게 마무리하는 실로 힘찬 말입니다. 여기에 나오는 '정오'란 차라투스트라가 새로운 사명에 눈뜨고 '낮의 사업'으로 향하는 순간을 의미합니다. 최종 장에서 아홉 명의 높은 이들에 대한 동정에 휘둘렸던 차라투스트라는 그들과는 더 이상 엮이지 않기 위해 자리를 피합니다. 그리고 상쾌해진 기분으로 사람들이 살아가는 '하계下界'의 공동체 사업에 참여하기로 결정합니다.

앞의 인용문에는 이때 차라투스트라가 "그래, 해보자" 하고 의욕에 넘쳐 동굴을 뒤로하는 느낌이 잘 드러납니다. 그 앞단에는 다음 문장이 자리하고 있습니다.

> "동정이다. 높은 사람들에 대한 동정"이라고 외쳤다. 지금 그의 얼굴은 철석과 같았다.
> "그래, 동정의 계절은 지나갔다. 나의 고민, 그리고 사람들의 고민에 대한 나의 동정, 그것이 나에게 무슨 상관이 있단 말인가. 대체 나는 나의 행복을 추구하고 있는 것인가? 아니, 내가 추구하는 것은 나의 사업이다."
> _니체, 『차라투스트라는 이렇게 말했다』

이 글의 번역자는 '나의 사업'을 '인류의 생을 가능하게 하는 사업'이라고 해석했습니다. 인류를 진정한 초인으로 이끄는 것이 차라투스트라의 사업이라고 해석하면 됩니다. 니체는 『차라투스트라는 이렇게 말했다』를 통해 줄곧 자기 자신을 사랑하라고 말합니다. 하지만 그것은 모든 일을 '자신의 일'로 완결시키는 것과는 다릅니다. 그의 시선 끝에는 행복의 틀을 넘어서는 커다란 세계가 펼쳐지고 있는 듯합니다.

고민과 고통이 없다고
과연 행복한 인생일까?

차라투스트라는 '행복'을 추구하지 않았습니다. 사람들은 무조건 고민이 해소되면 행복해질 것이라 생각하기 쉽지만 그는 달랐습니다. "그런 것은 행복이 아니다. 나는 사업을 이루는 일에서 행복을 추구한다"라고 말했습니다.

인생의 목표를 생각했을 때 고민이나 고통이 없이 행복하게 사는 것이라고 한다면 무언가 스케일이 작고 재미없게 느껴집니다. 그도 그럴 것이 사업이 무엇이든지 간에 행복은 고민과 고통을 통해 이루어낸 끝에 느끼는 것이라 생각하기 때문입니다.

역사를 되돌아보면 오래전부터 많은 사람이 큰 사업에 참여해왔습니다. 예를 들어, 고대 이집트의 피라미드도 그렇습니다. 거대한 피라미드는 가로변의 길이가 200미터를 훌쩍 넘고 높이가 150미터에 달한다고 하니 석재를 하나하나 쌓아 올리는 작업은 상상을 초월할 만큼 힘들었을 것입니다.

이전에는 피라미드 건설이 많은 노예를 이용한 강제 노동으로 이루어졌다고 생각했지만, 지금은 이 가설에 의문이 제기되고 있습니다. 아직 노예를 징용했다는 증거가 없다고 합니다. 또한 유적에서는 노동자들이 가족과 함께 살았던 흔적이 발견되거나 묘지에 매장된 노동자들 시신에 외과 수술 흔적이 확인됩니다. 이처럼 노예 노동설을 부정하는 증거들이 많이 발견되었습니다.

그렇다면 피라미드의 건설은 고용을 확보하기 위한 공공의 공사 또는 국가사업이었을 가능성이 있습니다.

피라미드는 흔히 '불사不死를 위한 장치'라고도 일컬어
지니 노동자들은 그런 위대한 사업에 기꺼이 참여했을
수도 있습니다.

일본의 예로는 1964년 도쿄 올림픽이 개최되었을 때
거국적인 대규모 사업이 진행되었습니다. "올림픽까지"
라는 구호 아래, 수도 고속도로를 개통하자며 밤낮없이
공사가 이어졌습니다. 경기 시설은 물론이고 호텔 등
커다란 건물이 계속 건설되었습니다. 모두 하나가 되어
세계인들에게 일본 부흥의 힘을 보여줘야 한다며 큰 사
업에 도전했고 도쿄 전체가 뜨거운 열기에 휩싸였지요.

당시 네 살이던 저도 어렴풋이 당시 분위기를 기억합
니다. 그런 만큼 폐막 후에 뇌물 수수 등 부정행위가 잇
달아 드러난 이번 2020 도쿄 올림픽이 유감스러울 따
름이지요. 사업에 참여한 기쁨보다 자리를 이용해 뇌물
을 받는 등 잇속을 챙기려는 마음이 더 컸나 봅니다.

차라투스트라가 만약 오늘날 살아 있었다면 이번 도
쿄 올림픽을 보고는 크게 열을 냈을 것 같습니다. 어째
서 1964년 도쿄 올림픽 때처럼 대사업에 참여하는 행

복을 추구하지 않았느냐고 말입니다.

"내 자식들은 가까워"
이 말의 의미는?

앞의 인용문 뒤로 이어지는 부분에 "내 자식들은 가까워"라는 말이 나오는데, 저는 매우 멋진 표현이라고 생각합니다. 여기서 말하는 "내 자식"은 자신의 아이가 아니라 앞으로 태어날 초인을 가리키는데, 장대한 로망이 느껴집니다. 요한 볼프강 폰 괴테의『파우스트』와 통하는 내용이기도 합니다.

괴테가 60년의 세월을 쏟아부어 완성시킨『파우스트』라는 대작은 학문은 무력하다며 절망한 대학자 파우스트가 악마 메피스토펠레스와 한 가지 계약을 맺으면서 시작됩니다. 어떤 계약이냐 하면, 메피스토펠레스가 어떤 쾌락을 제공하든 자신은 결코 향락에 빠지지 않는다는 파우스트에게, 만약 영원히 계속되기를 바라는 행복의 순간이 찾아오고 그 순간을 향해 "멈춰라. 너는 너무도 아름답구나"라고 말한다면 영혼을 악마에게 팔겠다는 것이었습니다.

파우스트가 '영혼의 여행'을 어떻게 떠났는지 자세히 알고 싶다면 작품을 한번 읽어보길 바랍니다. 여기서 소개하는 내용은 마지막에 인류와 사회를 위해 창조적인 활동에 헌신하기로 결의하는 장면입니다. 이때 아주 멋진 대사가 등장합니다.

지혜의 최종 결론은 이러하다.

자유도 생활도 매일 싸워서 얻어내야만

이를 향유할 만한 인간이라고 할 수 있다.

그러니 여기서는 아이도 어른도 노인도

위험에 사로잡히면서까지

무언가를 위한 세월을 보내는 것이다.

나도 그러한 군중을 바라보며

자유로운 토지에서 자유로운 이들과 살고 싶다.

그러면 순간을 향해 이렇게 외쳐도 좋을 것이다.

멈춰라. 너는 너무도 아름답구나.

_괴테, 『파우스트』

파우스트는 수백만 명의 사람들이 행복하게 사는 땅을 개척하고자 결의했습니다. 어떤 어려움이 닥치더라도 사람은 협동의 정신을 통해 서로 도와야만 한다는 사실을 깨달은 것입니다. 그는 미래를 위해 공동체를 건설합니다. 이러한 협동 사업에 참여하는 데 인생의 의미가 있다는 사실을 깨달았습니다. 설령 그 건설이 환영幻影이었다고 해도 괜찮습니다.

차라투스트라도 파우스트도 다음 세대의 아이들이 살아갈 미래를 만드는 사업에 몸을 던지는 것이야말로 행복이라고 결론지었습니다. 인간이란 자신만 행복하다고 해서 진정한 의미의 행복을 느낄 수는 없는 존재입니다.

2.

발견과 발굴

바라는 것에 싫증이 난 이후로

나는 발견해내는 법을 배웠다.

바람에 가는 길이 차단당한 이후로

어떤 역풍도 순풍으로 만들어

내 배는 돛을 올리리라.

○ 니체, 『즐거운 학문』

이 말은 『즐거운 학문』이라는 니체의 책에 나옵니다. 저는 '발견해내다'라는 표현이 무척 마음에 듭니다. '바라다'는 누군가에게 무언가를 부탁하거나 자기에게 없는 것을 원하는 느낌을 줍니다. 반면, '발견해내다'는 자신이 주체적으로 무언가를 찾아내거나 이미 자기 안에 있는 잠재 능력을 발굴해내는 느낌을 주지요.

가령, 매일 걷는 같은 길이라도 날마다 눈으로 보기 때문에 작은 변화를 알아차릴 수 있습니다. 그 새로운 발견을 통해 생각지도 못했던 세계가 펼쳐질지도 모릅니다. 또 무언가 새로운 것에 도전해보면 '내게도 이런 재능이 있었구나' 하고 깨닫습니다. 저는 수업 시간에 종종 "지금의 마음을 짧은 시로 만들어보라"라거나 "책을 읽은 감상을 콩트로 작성해보라"라는 과제를 냅니다. 학생들은 저의 요구에 부응해 잠재력을 발휘합니다. 이런 경험을 통해 '발견해내는' 것의 중요성을 실감하고 있지요.

가까이에 있는
'좋아하는 것'을 발견하라

경영자 혼다 소이치로의 저서 중에 『장기에 돛 달고』라는 책이 있습니다. 혼다 소이치로는 "장기에 돛 달고"라는 표현을 즐겨 썼다고 합니다. 관용구로 '장기長技'를 발휘할 기회가 오면 그때를 놓치지 말고 이용한다는 의미입니다. 결국 자신의 장기, 즉 좋아하는 일을 감추지 말고 계속해나가라고 말하려는 것이겠지요. 그는 직원들이 망설임 없이 장기를 발휘할 수 있도록 지원했습니다. 좋아하는 일에 빠져 있으면 좋은 바람이 불어 인생의 항로가 점점 앞으로 나아가는 법입니다.

> "동경하는 마음으로 가다 보면 천 리 길도 한 리 길"이라는 말이 있다. 그만큼 시간을 초월해 자신이 좋아하는 것에 몰입하게 된다면 더없이 즐거운 인생이 아닐까.
>
> _혼다 소이치로, 『장기에 돛 달고』

밖에서 좋아할 만한 것을 찾기보다는 자기 안에 이미 가지고 있는 좋아하는 것을 찾아보세요. 그러면 역풍으로 길이 차단당해도 조금도 고통스럽지 않습니다. 오히려 고군분투하는 시간이 즐겁기까지 할 것입니다. 혼다의 생각은 니체와도 비슷합니다.

역풍이 불어도
순풍으로 바꾸면 그만!

실제로 역풍의 시기가 있었기에 지금의 내가 있다는 느낌은 누구나 한 번쯤 받지 않았을까요? 저 역시 최근에 이런 경험을 했습니다. 코로나로 모든 수업이 온라인으로 바뀌었을 때의 일입니다. 저는 본디 대면 수업을 선호하고 주로 그룹 활동을 했던 터라 무언가 절망적인 기분이 들었습니다.

처음에는 "지금까지 수업에서 느끼던 생동감이 상실되다니 참을 수 없다. 1년은 너무 길게 느껴지는데" 하며 머리를 감싸 쥐었던 기억이 납니다. 저뿐만이 아니라 코로나는 대면을 기본으로 하는 다양한 일에 상당한 타격을 주었을 것입니다. 하지만 코로나 사태가 지나가기를 그저 손꼽아 기다릴 수만은 없었습니다. 저는 동료 선생님이 개최해준 설명회에 참석해 온라인으로 수업하는 방법을 배웠습니다. 해보니까 생각보다 편리하더군요.

예를 들어, 100명의 학생이 수강하는 수업에서 "한 사람이 발표한 뒤 나머지 99명 모두 채팅으로 칭찬을 해주세요"라고 하면 순식간에 99명이 칭찬의 코멘트를 올립니다. 대면 수업에서는 불가능한 일이지요. 또 그룹 활동의 경우 "그럼 4인 1조로 해봅시다"라고 지시하자마자 1초도 지나지 않아 완벽하게 그룹이 나뉩니다. 전에는 5분 정도는 걸렸으니 정말 놀라운 일이라고 할 수 있습니다.

게다가 하루 종일 집중 수업을 할 때는 "이왕 집에서 참여하는 거니까 악기를 가지고 있는 사람은 악기로 연주라도 해볼까요? 점심시간에 준비해두세요"라고 요청했더니 학생들이 점심시간이 끝나는 것을 기다리지 못하고 라이브 콘서트를 시작하기도 했습니다. 또 자신이 만든 동영상을 자진해 발표하는 등 놀라움의 연속이었지요. 홋카이도에서 수업에 참여한 학생은 "저건 우리 집 소예요", "얘가 제 동생이에요" 하며 활기차게 소개해주기도 했습니다.

코로나 사태 자체는 역풍이기는 했지만 '온라인 수업 혁명'이라고 말할 수 있는 것이 생겨났으니 결과적으로 순풍이 된 느낌입니다. 저도 어느새 온라인 수업에 능숙해져 있었고요. 그때 그 역풍이 불지 않았다면 어떤 부분에 대해서는 미처 깨닫지 못한 채로 남아 있을 경우가 많았습니다.

그러니 여러분도 역풍에 맞서 순풍으로 바꾸고 새로운 세계를 열어보는 것은 어떨까요? 역풍 너머에는 커다란 환희가 기다리고 있습니다. 이는 로맹 롤랑의 『베토벤의 생애』라는 책을 읽으면 잘 알 수 있습니다.

"고뇌를 이겨내고 환희를 만끽하라!"

_로맹 롤랑, 『베토벤의 생애』

귀가 들리지 않는다는 것은 음악가에게는 치명적인

장애입니다. 이 문제로 고통받으면서도 강인하게 살아
간 베토벤의 의지가 내 몸으로 넘어오는 것 같은 느낌
이 들면서 힘차게 역풍에 맞서 나아갈 용기가 생깁니
다. 이 책을 꼭 읽어보길 바랍니다.

3.

인생에 감사하라

어째서 내가

나의 생애 전체에 대해

감사하지 않을 수 있겠는가?

○ 니체, 『이 사람을 보라』

니체의 생애는 결코 순풍에 돛단 듯이 순조롭지만은 않 았습니다.

니체는 1844년 프로이센 작센에서 목사의 아들로 태 어났습니다. 5살에 아버지를 여의고, 20살에 본 대학에 입학합니다. 처음에는 신학을 공부했지만 금세 고전문 헌학으로 전향하고, 스승인 리츨을 따라서 21살에 라이

프치히대학으로 옮깁니다. 이때 쇼펜하우어의 『의지와 표상으로서의 세계』를 읽고 감명을 받았다고 전해집니다. 그 후 23살에 포병 기마연대에 입대하지만, 낙마해 부상을 입고 요양 생활을 거쳐 다시 복학합니다. 이때 바그너와 친구가 됩니다. 그리고 24살에 바젤대학교의 고전문헌학 교수로 초빙되었지요.

여기까지는 그럭저럭 인생이 순조로운 편이었지만, 27살에 낸 처녀작 『비극의 탄생』이 학계에서 냉혹한 비판을 받고 사실상 아카데미에서 추방되었습니다. 이 무렵부터 눈에 심한 통증을 느끼거나 편두통으로 고통받게 됩니다. 아포리즘이 니체의 스타일이 된 것은 『인간적인, 너무나 인간적인』이라는 책을 간행한 30대 중반 무렵의 일입니다. 니체는 건강 악화로 고통스러워하면서 아포리즘을 써 내려갔습니다.

39살이 되자 한때 교류하다가 결별한 바그너의 사망을 계기로 41살까지 3년에 걸쳐 단번에 『차라투스트라는 이렇게 말했다』를 집필했습니다. 이후로도 『선악의 저편』, 『니체 대 바그너』, 『이 사람을 보라』 등 많은 저

서를 완성했지만 점차 정신이 병들어갔습니다. 그러다
가 55세의 나이로 세상을 떠나고 맙니다.

니체처럼 위대한 사람이 불우한 시기를 겪고, 인간
관계로 고뇌하고, 여성에게 인기가 없다거나 몸이 좋지
않아 고통받았다고 생각하니 왠지 모르게 안타까운 마
음이 생길지도 모르겠습니다. 그래도 정작 니체 본인은
불운이나 불행의 연속으로 심신이 모두 고통받기만 했
던 생애 전체에 감사했습니다.

앞의 니체의 인용문에서 이 '감사의 뜻'을 찾아볼 수
있습니다. 힘들고 고통스러운 일만 있다면 인생을 원망
할 법도 합니다. 하지만 니체는 괴로운 일, 고통스러운
일에 맞서 싸우며 깊이 사고하고 고심에 고심을 거듭한
끝에 수많은 훌륭한 저작을 완성시켰습니다. 이런 자신
에게 감사함과 동시에 고통받은 덕분에 자신의 저작을
많은 사람에게 선물할 수 있었다는 데 만족감을 느꼈을
것입니다.

자신의 인생에 감사하며
죽음을 받아들이다

니체의 인생 태도를 보면 막부 말기의 지사인 요시다 쇼인이라는 사람이 떠오릅니다. 그는 존왕양이尊王攘夷를 주장한 죄로 사형을 당합니다. 외적으로부터 일본을 지키고, 서구의 좋은 점을 배워 근대화를 추진하려 한 그의 활동은 제자들에게 이어져 결국 메이지유신으로 향하는 시대의 큰 흐름을 만들어냈습니다.

향년 30세라는 매우 짧은 인생이었지만, 요시다 쇼인은 본디 자신의 인생은 죽음으로 끝난다고 생각하지 않았던 것 같습니다. 자신이 지닌 뜻을 후대에서 반드시 이루어주리라 확신하고 언제 죽어도 여한이 없다고 생각한 것이지요. 이런 그의 사생관은 제자들에게 보낸 유서『유혼록』의 다음 구절에서 잘 드러납니다.

> 나는 30살의 나이로 생을 마치게 되었다. 지금껏 아무 일도 이루지 못하고 죽는다. 그것은 마치 이제껏

일하며 길러온 곡식이 열매 맺지 못한 것과도 같다.

하지만 나 자신에 대해서는 꽃을 피우고 열매를 맺었다.

슬퍼할 까닭이 없다. 사람의 수명은 제각각이니. 곡식처럼 봄에 씨를 뿌리고, 여름에 대를 심고, 가을에 거두고, 겨울에 저장하는 흐름은 없어도 인간에게는 그에 맞는 사계절이 있다. 10살에 죽든 20살, 30살, 50살, 100살에 죽든 인생에는 반드시 사계절이 있는 법이다. 모두 꽃을 피우고 열매를 맺는 인생이다.

_요시다 쇼인, 『유혼록』

어떤가요? 니체와 마찬가지로 요시다 쇼인도 자신의 생애에 감사하며 죽음을 받아들인 것 같지 않나요? 니체와 요시다 쇼인 두 사람이 죽으면서 남긴 훌륭한 저작을 우리가 지금 읽을 수 있다는 사실에 감사할 따름입니다.

니체의 말투는 전염된다?

니체의 글에서 재미있는 점은 누가 번역을 해도 말투가 비슷하다는 것입니다. 저는 『차라투스트라는 이렇게 말했다』를 다섯 판본의 다른 번역서로 읽어보았는데 하나같이 문체의 느낌이 비슷했습니다. 왜 그러한가 생각해보니, 니체의 말을 옮길 때 독자를 정중하게 배려하는 문체는 적합하지 않았던 것 같습니다. 당당하고 간결한 말투가 아니면 니체의 특성을 드러내기 힘들었던 것이 아닐까요.

니체의 영혼이 번역가들에게 빙의된 것처럼 문체 그 자체가 니체였습니다. 빙의는 누구에게나 일어날 수 있습니다. 실제로 학생들에게 『차라투스트라는 이렇게 말했다』를 읽고 인상에 남는 말을 자신의 경험과 연결시켜 니체의 문체로 에세이를 쓰는 과제를 내면 하나같이 정말 니체가 된 듯한 문장을 씁니다.

학생들은 자신의 경험을 썼을 뿐인데도 읽는 사람은 니체를 보고 있는 듯한 기분이 들 정도입니다. 저는 여러분에게 『차라투스트라는 이렇게 말했다』가 되었든 무엇이 되었든 니체의 작품을 소리 내어 읽어보기를 권합니다. 니체의 강인함이 전염되어 몸 안에서 삶에 대한 에너지가 샘솟는 걸 느낄 수 있습니다. 더불어 자신에게 니체적인 요소가 주입되면 설령 괴로운 일만 가득한 인생이라도 스스로 최선을 다해 살아가는 삶에 감사하는 마음이 생길 것입니다.

4.

재능의 싹

나는 나의 사랑과 희망을 걸고

그대들에게 바란다.

그대의 혼에 자리한 영웅을 내던지지 말라.

그대 최고의 희망을 신성시하라.

○ 니체, 『차라투스트라는 이렇게 말했다』

이 얼마나 멋진 문구인가요! 만약 지금 새로운 상품이나 서비스, 영화나 도서에 "그대의 혼에 자리한 영웅을 내던지지 말라. 그대 최고의 희망을 신성시하라"라는 캐치 카피가 등장한다면 저도 모르게 마음이 움직일 것 같습니다.

말 자체가 지닌 강력한 힘과 더불어, 자신의 꿈을 포기한 많은 사람의 마음에 "너는 그냥 그대로 있어도 되느냐"라고 말을 거는 듯한 느낌이 듭니다. 이 말은 높은 곳을 지향하는 청년을 향해 던진 말입니다. 이 청년은 자신이 성장을 바라는지, 그저 야심이 있을 뿐인지 몰라 스스로를 믿지 못하고 있습니다. 또 자기보다 더 강한 자에게 패배할지도 모른다는 불안감을 안고 있지요.

저는 이것이 어떤 마음인지 공감합니다. 무언가 꿈이 있고 높은 곳을 지향하면서도 문득 '내가 그렇게 대단한 꿈을 가져도 되는 걸까? 모두 이루어질 리 없다며 비웃지는 않을까?' 하고 나약한 마음이 들기도 합니다. 꿈을 향해 가는 과정에서 '나는 역시 안 되나 봐' 하고 희망을 잃는 경우도 생깁니다. 여러분도 이런 경험을 한 적이 있을 것입니다. 차라투스트라는 이처럼 나약해진 마음에 다가가 격려합니다.

"네 꿈을 스스로 포기해서 어떻게 하겠다는 말인가? 너의 영혼 속에는 성취하고자 하는 영웅이 있다. 그것을 잊어버리지 않았는가? 마음이 약해지면 자신이 가진 최고의 희망도 물거품이 될 뿐이다. 영웅을 신성시하고 포기하지 말고 앞으로 나아가라."

엄격하지만 따뜻한 니체의 목소리가 우리에게 용기를 불어넣어줍니다.

스스로에게 희망을 물어라

물론 포기하지 않는다고 해서 모든 꿈이 실현되는 것은 아닙니다. 중요한 것은 희망을 품고 꿈을 향해 노력하는 일 자체입니다. 이 과정에서 방향을 전환해도 되고 완전히 새로운 길을 찾아도 됩니다. 그렇게 꿈과 희망의 방향이 달라지는 일도 노력하는 과정이 없이는 불가능합니다. 방향 전환 역시 한 가지 재능인 셈입니다.

저는 초등학생 시절 대부분의 아이들이 그랬듯이 프로야구 선수가 되고 싶다는 꿈을 품었습니다. 이 꿈은 제가 당시에 쓴 글에도 남아 있습니다. 니체가 말하는 '최고의 희망'이었던 것이죠.

그런데 최초의 좌절은 4학년 때 찾아왔습니다. 같은 반에 저보다 야구를 잘하는 친구가 있었습니다. 저는 그 아이보다 야구를 못하니 프로야구 선수는 불가능할 거라고 생각했습니다. 중학교에 들어가서는 야구부가 없는 현실을 맞닥뜨리게 되었습니다. 이제 야구 선수는 포기할 수밖에 없겠다고 생각했습니다.

도쿄대학교 법학부에 진학했을 때는 판사를 목표로 했는데 이 역시 좌절되었습니다. "나는 근엄하게 현실을 직시해야만 하는 판사에 적합하지 않아. 하지만 내 의견을 세상에 보여주는 방향으로 전환하면 되지 않을까"라고 생각하며 교육학을 전공하게 되었습니다.

저처럼 꿈이 두 번 세 번 바뀌는 일은 그리 흔치 않을 것입니다. 꿈을 너무 대강 설정한 탓만은 아닙니다. 현실과 조율하고 타협하다 보면 좌절할 수도 있습니다. 다만, 스스로 무엇을 하고 싶은지 자문하는 것만은 멈춰서는 안 됩니다. 저는 이 점을 포기하지 않았기 때문에 내 안의 "영웅"을 지키고 "최고의 희망"을 신성한 것으로 간직할 수 있었습니다.

꿈을 실현하는 도구로
인터넷을 활용하라

작가가 되고 싶다, 뮤지션이 되고 싶다, 개그맨이 되고 싶다, 영화감독이 되고 싶다. 이렇게 말하다 보면 너무 거창하게 느껴질지도 모릅니다. 특히 그 일을 해서 밥 먹고사는 사람이 소수에 불과한 분야는 지금도 그렇고 옛날에도 부정적인 시선으로 보이기 마련이었습니다.

하지만 시대가 많이 바뀌었습니다. 가능성은 제쳐두고라도 일단 자신의 재능을 세상에 선보이기가 비교적 쉬워졌기 때문입니다. 인터넷이라는 자기표현 도구가 생긴 덕분에 꿈으로 가는 길은 상당히 단축된 것 같습니다. 예를 들어, 소설을 음악화하는 '요아소비'라는 유닛의 히트 곡 〈밤을 달리다〉는 발상 자체가 매우 독특합니다. 오페라나 뮤지컬의 극 중 노래나 드라마 주제가 등과 비슷한데, 지금까지 없었던 스타일을 창조했다고 할 수 있습니다.

그건 그렇고 이 곡의 원작은 호시노 마이야가 쓴 『타

나토스의 유혹』이라는 단편소설로, 소설 투고 사이트인 monogatary.com에 투고된 작품이라고 합니다. 그리스신화에 등장하는 '타나토스'는 죽음 자체를 신격화한 신의 이름이다. 그것을 프로이트는 '에로스-사랑에 대한 욕망'과 '타나토스-죽음에 대한 본능'이라고 했습니다. 소설 주제도 제목에서 연상되듯 죽음에 대한 바람입니다.

꿈을 실현하는 도구로 인터넷을 적극 활용하면 이런 형태로 작품이 세상에 나오기도 합니다. 그러니 "혼에 자리한 영웅"을 가볍게 버려서는 안 됩니다. 스스로 자신의 꿈을 무시하지 않아야 하는 것은 물론이고 주위에서도 충분히 배려해야 합니다. 누군가의 꿈에 대해 생각 없이 "그건 어려울걸", "말도 안 되는 소리 그만해"라고 말하는 사람들도 있는데, 그것은 타인의 "혼에 자리한 영웅"과 "최고의 희망"을 짓밟는 행위입니다.

부디 시가 나오야의 『세이베와 표주박』을 읽어보길 바랍니다. 어른들의 몰이해에 굴하지 않고 자신의 재능을 갈고닦는 소년의 모습을 찾아볼 수 있습니다.

세이베는 열두 살의 초등학생입니다. 표주박을 좋아해 모으고 닦으며 소중히 여겼습니다. 하지만 아버지와 선생님은 이를 못마땅하게 여기고 급기야 빼앗아버립니다. 그중 하나를 버리라고 전달받은 하인이 돈이 궁해 근처 골동품 가게에 들고 갑니다. 처음에는 5엔으로 값을 매겨주던 것이 마지막에는 50엔이 되고, 골동품 가게 주인은 부자에게 600엔에 팔아넘깁니다. 세이베는 사실 대단한 안목의 소유자였던 것입니다. 이런 과정을 알 리 없는 세이베는 결국 그림을 그리는 일에 열중하게 됩니다. 하지만 그림 그리는 일에도 아버지는 잔소리를 하지요.

시가 나오야가 이 이야기를 쓰게 된 계기는 소설을 쓰는 자신을 이해하지 못한 아버지에 대한 반항이었다고 합니다. 주위 어른들 때문에 젊은 재능의 싹이 꺾이는 일이 예전부터 자주 있었습니다. 꿈을 좇는 희망은 어느 누구도 침범해서는 안 되는 성역이라는 사실을 명심하길 바랍니다.

5.

진정한 자유

무엇으로부터의 자유?

그런 것 따위에 차라투스트라는 아무 관심 없다.

그대의 눈이 나에게 분명히 고해야만 하는 것은

무엇을 위한 자유인가 하는 점이다.

○ 니체, 『차라투스트라는 이렇게 말했다』

잘 생각해보면 우리가 보통 '자유'를 추구한다고 할 때
는 대체로 자신의 생각이나 행동을 속박하는 부자유에
서 해방되고 싶어 하는 느낌을 말합니다. 가령, 수험생
대부분은 하루의 절반이나 되는 시간을 빼앗는 수험 공
부에서 해방되고 싶어 할 것입니다. 또 직장인은 오로

지 실적만 추구하는 일에서 해방되고 싶어 합니다. 워킹맘 중에는 자신은 뒷전이 될 수밖에 없는 집안일과 육아로부터 해방되고 싶은 사람들이 많을 것입니다.

하지만 차라투스트라는 '해방되는 것' 따위에 아무런 관심도 없다고 말합니다. 대신 무엇을 위한 자유인가?, 즉 자유로워져서 무엇을 하고 싶은지 분명히 고할 것을 요구합니다. 수험생이 대학생이 되었는데 하고 싶은 것이 아무것도 없는 경우가 적지 않습니다. 직장인은 정년퇴직하는 순간부터 아무 일거리가 없는 사람이 되어버리기도 하지요. 교도소에 수감되어 있는 사람 중에는 기껏 석방되어 자유의 몸이 되어도 다시 수감될 일을 만드는 경우도 있다고 합니다.

하고 싶은 일이 없을 뿐만 아니라, 제대로 된 일을 구하지 못해 생활이 어렵다 보니 자유 따위는 아무래도 상관없어지는 것이 아닐까요. 최악의 경우 다시 교도소로 돌아가고 싶다며 범죄를 저지르기도 하니 말입니다. 니체는 이런 식의 자유가 무엇을 위한 자유인지 모르겠다고 말합니다.

자유로부터
도망치고 있지 않은가?

인류는 예로부터 자유를 얻기 위해 투쟁해왔습니다. 자유로운 말과 행동을 허용하지 않는 사회의 속박에서 벗어나고 싶다는 마음이 역사를 움직였다고 해도 과언이 아닙니다. 하지만 아이러니하게도 정작 자유를 손에 쥐면 무엇을 하면 좋을지 몰라 당혹스러워하는 경우가 자주 생깁니다.

그 이유 중 하나는 차라투스트라가 말하듯이 무엇을 위한 자유인지 생각해보지 않은 데 있습니다. 게다가 무언가에 속박당하거나 제한되는 것이 더 편한 부분이 있기도 한 탓입니다. 예를 들면, 독일의 사회심리학자 에리히 프롬은 저서 『자유로부터의 도피』에서 다음과 같이 말합니다.

> 자유는 근대인에게 독립과 합리성을 부여했지만,
> 개인을 고독에 빠뜨렸고 그래서 개인은 불안한 무

력감을 가지게 되었다. 이 고독은 견디기 힘든 것이다. 그들은 자유의 무거운 짐에서 벗어나 새로운 의존과 종속을 추구하거나, 인간의 독자성과 개성에 기반한 적극적인 자유의 완전한 실현으로 나아가는 양자택일에 내몰린다.

_에리히 프롬, 『자유로부터의 도피』

자유란 자신이 생각하고 욕망하는 대로 행동할 수 있다는 점에서는 매우 좋습니다. 다만 행동에는 반드시 책임이 뒤따르는 법입니다. 무슨 일이 있어도 누군가 또는 무언가의 탓으로 돌릴 수 없습니다. '권위주의'라는 것이 존재하듯이, 특히 약한 인간은 권위에 몸을 맡기는 편이 더 편합니다.

도스토옙스키의 저서 『카라마조프가의 형제들』의 「대심문관」이라는 장에도 이와 같은 이야기가 나옵니다. 카라마조프가의 차남 이반이 삼남 알료샤에게 무신론에 관한 이야기를 펼치는 장면이 압권입니다. 이반은 혁명을 계획하는 무신론자이고, 알료샤는 제2의 그리

스도가 될 가능성을 품은 청년입니다.

이반은 예수가 다시 태어나 이 세상에 재림했다는 설정으로 이야기를 이끌어갑니다. 이야기 속에서 예수를 상대로 나이 든 대심문관이 "네가 인간에게 자유를 부여한 결과 어떻게 되었느냐?"라며 다음과 같이 일방적으로 떠들어댑니다.

"마지막에는 그들이 우리 발밑에 자유를 내맡기고 차라리 노예로 만들어달라, 그리고 먹을 것을 달라고 말하게 되겠지."

"사람은 빵만으로 살 수 없다"라고 말한 예수에 대한 안티테제입니다. 즉 사람은 자유보다도 빵을 원한다고 말하고 싶은 것입니다. 나아가 대심문관은 말합니다.

"자유의 몸으로 살게 된 인간에게 한시라도 빨리 복종해야 할 대상을 찾아내는 일만큼 끊임없고 번거로운 수고는 없을 테니까. … (예수는) 인간의 마음의 왕국에 자유의 고통이라는 짐을 영원히 지워주고 만 것이다."

듣고 보니 자유에는 고통스러운 일면도 있다고 생각됩니다. 전 세계 사람들이 권위 앞에 복종하고 때로는 독재자에게 몸을 맡겨버리는 것도 자유를 내던지고 편안해지고 싶은 마음 때문인지도 모릅니다. '인간은 정말로 자유를 원하는가'라는 기독교의 근간을 묻는 이 장면은 니체의 사고방식과도 일맥상통합니다. 어쨌든 자유는 '도피'가 되어서는 안 됩니다. 자유를 생각할 때는 니체의 말을 떠올리고 이렇게 자문해보세요. "무엇을 위한 자유인가?"

『즐거운 학문』에 나오는 니체의 말 한마디를 또 소개하겠습니다.

체득된 자유의 표식은 무엇인가?
더 이상 자기 자신에게 부끄럽지 않을 것.
_니체, 『즐거운 학문』

6.

파괴와 창조

선과 악에 있어

창조자가 되어야만 하는 자는

먼저 파괴자가 되어

여러 가지 가치를 깨부수어야 한다.

○ 니체, 『차라투스트라는 이렇게 말했다』

니체는 『선악의 저편』이라는 저서에서 선악에 대해 다음과 같이 주장했습니다. 기독교를 중심으로 하는 유럽의 전통적인 도덕이 주장하는 선악의 기준은 사람들을 가축처럼 길들이려 하는 '노예의 도덕'이라는 것입니다. 니체는 이러한 선악의 기준을 넘어 '초인의 도덕'을 확립해야 한다고 강조합니다.

앞에 인용한 니체의 말도 이것을 잘 보여줍니다. 기독교가 만들어낸 기성의 질서와 도덕을 먼저 무너뜨리지 않으면 진정한 창조자가 될 수 없다는 의미입니다. 니체가 지향하는 세계는 선악을 뛰어넘어 생명이 빛나는 곳으로, '영원히 창조하고 파괴하는 생의 긍정'이라는 니체 철학의 핵심을 이룹니다.

파괴가 없으면 창조도 없다

니체의 이 말을 읽으면 "예술은 폭발이다"라고 말한 아방가르드 예술가 오카모토 타로의 얼굴이 떠오릅니다. 오카모토는 '쌓아 올린다'라는 말을 좋아하지 않아, "쌓지 말고 줄여나가라"라고 말했습니다. 이 말은 다음과 같은 의미를 담고 있습니다. 지금까지 만들어낸 것을 계속해서 부수고 망가뜨려라. 그렇게 마이너스를 향해 간 후에 창조력을 폭발시켜라. 이는 니체와 통하는 말이기도 합니다. 창조자가 되려면 먼저 파괴자가 되어야 합니다.

　실제로 지금까지 없었던 가치를 창조하는 창작의 세계에서는 당연히 파괴가 먼저 이루어집니다. 예를 들어, 가부키만 해도 그렇습니다. 에도시대 전기에 이즈모노 오쿠니가 창시한 '가부키 오도리(가부키라는 이름의 춤)'에서 기원했다고 하는데, 이 가부키 오도리가 유곽으로까지 흘러 들어갑니다. 남장한 유녀와 유녀 간의 난잡한 흥정과 샤미센 연주 등의 새로운 맛이 더해져 상당한 인기를 구가했습니다. 이것도 일종의 '파괴와 창조'라고 할 수 있을지 모릅니다.

　하지만 유녀 가부키는 풍기 문란을 이유로 막부의 단속을 받습니다. 나아가 남존여비 풍조가 어우러져 여성 예능인이 무대에 서는 것이 금지되고 말았습니다. 이런 배경 때문에 '남성이 여성을 연기해도 되지 않느냐?'라는 새로운 가치관이 형성되었고 오늘날의 가부키가 탄생하게 된 것입니다.

　'파괴자'라고 하면 코코 샤넬도 빼놓을 수 없습니다. 그녀는 '절멸의 천사'라고 불리듯이 기존의 패션을 시대에 뒤처진 것으로 만들어버렸습니다. 스스로 '파괴와 창조'라는 미션을 완수하고 패션계에 새로운 바람을 일으켰습니다. 예컨대, 과도한 장식이나 몸을 조이는 코르셋 등을 배제했고, 상복喪服이라는 이미지를 가지고 있던 블랙 드레스를 여러 상황에서 입을 수 있는 드레스로 만들었습니다. 또 움직이기 쉬운 트레이닝복 소재로 심플한 바지를 만들었고, 립스틱을 작은 백에 들어가는 스틱 형태로 바꾸었습니다. 그녀는 계속해서 이런 '파괴와 창조'로 여성에게 자유를 선사하는 패션을 만들어낸 것입니다.

샤넬이 평생에 걸쳐 탐욕스러울 만큼 '파괴와 창조'를 추구했다는 사실을 보여주는 말을 소개하겠습니다.

"죽다니요! 살아야지! (그렇게 말하면서도 천국에 대한 호기심은 왕성했다. 정말로 천사에게 옷을 입힐 수 있다면 천국에 가겠다. 이 세상에서는 다른 천사를 위해 옷을 만들며 지옥에 있었으니.) 어쨌거나 살아 있는 동안은 절대 쉴 생각은 없다. 양로원만큼 피곤한 곳은 없지.

혈색도 안 좋아지고. 천국에서는 정말 지루하겠지."

"역경에 처했을 때 비로소 인생을 알게 된다. 세계
란 투쟁과 혼란일 뿐이다. … 나는 죽음이 무척이나
싫다. 한번 매장되어도 몸부림쳐서 다시 한번 지상
으로 돌아와 새로 시작하는 것만 생각한다."

죽음이 싫다는 표현은 '파괴와 창조'를 되풀이하는
과정에서 하나의 키워드로 삼아도 좋겠습니다. 이상은
아주 일부의 예입니다.

그 밖에도 회전 초밥은 전통적인 초밥 집에서 보자면
파괴자였을 것입니다. '탱고의 파괴자'라고 불리는 아스
토르 피아졸라는 탱고에 클래식과 재즈의 요소를 가미
해 독자적인 음악 형태를 만들어냈습니다. 야마하가 개
발한 음악 소프트인 보컬로이드는 컴퓨터로 사람이 부
르는 것처럼 노래하게 할 수 있다는 점에서 음악계에
혁명을 일으켰습니다.

새로운 가치가 창조될 때면 그 전 단계에서는 반드시

파괴가 일어납니다. 스스로 무언가를 창조하고 싶다면 우선 기성 관념을 파괴하겠다는 각오로 도전해야 합니다. 이런 자세는 지극히 니체와 통하는 훌륭한 도전이 될 것입니다.

⟨The Sun⟩, Edvard Munch, 1911

이것이 나의 아침이다.

나의 날이 시작된다.

자 올라라 올라와라,

그대 위대한 정오여.

○ 니체, 『차라투스트라는 이렇게 말했다』

제5장

지금 이 순간을 살라

1.

과거를 전부 긍정하라

"이 순간을 보라"라고 나는 말을 이었다.

"이 순간이라는 문으로부터 하나의 긴 영겁의 길이

뒤를 향해 달리고 있다."

즉, 우리 뒤에는 하나의 영겁이 존재한다.

이 모든 길을 걸어갈 수 있는 것은

이미 이 길을 걸어왔기 때문이 아닌가.

일어날 수 있는 모든 일은

이미 한번 일어나고, 행해지지 않았는가.

○ 니체, 『차라투스트라는 이렇게 말했다』

위의 말을 그대로 따라가다 보면 뭔가 이상한 기분에

사로잡힙니다. 지금 이 순간으로부터 뒤를 향해 길이 달리고 있다니 과연 무슨 말일까요? 물론 뒤에는 걸어온 길이 있지만 길이란 앞을 향해 뻗어 있는 것이 아닌가요. 지금과 똑같은 일이 과거에도 일어났다니 데자뷰를 말하는 것인가? 아니면 윤회 사상인가? 이런 의문이 생길 것입니다. 자, 이제부터 함께 생각해봅시다.

모든 것은 반복된다
그러니 모든 것을 긍정하라

시간은 한순간 한순간이 이어져서 흘러갑니다. 지금 이 순간 시간이 멈춘다면 뒤를 돌아볼 수 있습니다. 자신이 과거에 걸어온 길이 보일 것입니다. 니체는 그 길을 '영겁', 즉 똑같은 일이 무한히 반복되는 기나긴 세월이라고 말했습니다.

　그 길이 뒤를 향해 달리고 있다는 것은 내가 지금 어떤 경로를 거쳐 여기에 있는지 생각해보면 알 수 있습니다. 당신은 어딘가에서 우연히 만난 부모님으로부터 태어났습니다. 부모님도 어디선가 우연히 만난 그들의 부모님 사이에서 태어났습니다. 또 부모님의 부모님의 부모님 역시 마찬가지입니다. 이렇게 쭉 거슬러 올라가면 그 길은 점점 뒤로 이어지고 마지막에는 인류의 기원에 도달하게 됩니다.

이런 식으로 생각하면 아득할 만큼 많은 조상 중 한 사람이라도 없었다면 지금의 나 자신은 존재할 수 없다는 사실을 깨닫게 됩니다. 다시 말해, 과거의 모든 것을 긍정하지 않으면 지금 이 순간 내가 살아 있다는 것을 설명할 수 없습니다. 만약 타임머신을 타고 과거로 돌아갈 수 있다 하더라도 어느 순간을 살짝만 바꾸면 더 이상 지금의 내가 아니게 됩니다. 니체가 말하는 "우리들 뒤에는 하나의 영겁이 있다"라는 말은 바로 그런 의미입니다.

또 지금과 똑같은 일이 과거에도 있었다는 것은 자신은 명확히 기억하지 못하지만 모든 조상의 활동들이 몇 세대에 걸쳐 이어져 왔다고도 생각할 수 있습니다. 요즘 식으로 말하면, DNA에 모든 과거가 새겨져 이어져 왔다, 그러니 과거에도 동일한 일이 있었다는 걸 느낄 때가 있다는 것입니다.

어려운 말은 제쳐두고 니체의 메시지를 간단하게 정리하면 이렇게 말할 수 있습니다. "좋은 일도, 나쁜 일도, 기쁨도, 고통도, 슬픔도, 인생에서 일어나는 모든 것은 되풀이된다. 그러므로 이 모든 것을 긍정하고 강하고 단단한 인생을 살아가라." 무언가 안 좋은 일이 있어 삶의 의미가 없다고 느껴질 때는 니체의 이 메시지를 떠올려보세요. 삶을 향한 의욕이 샘솟을 테니까요.

무의미하게 반복되는 영원이므로
적극적으로 받아들여라

지금까지 살아오면서 '나는 이 순간을 위해 살아온 것이 아닐까'라는 생각이 든 적 없나요? 예를 들면, 심장이 두근거리게 만드는 이성을 만나고 과감하게 고백했

더니 상대도 나와 똑같은 마음이었습니다. 이럴 때는 내가 이 사람과 만나기 위해 태어난 건가 싶습니다. 가고 싶은 학교에 합격한 순간, 직장에서 성과를 올린 순간, 감동적인 책이나 영화, 무대, 미술 작품을 만난 순간, 동경하던 곳을 여행하는 순간, 상사에게 칭찬을 받는 순간, 맛있는 것을 먹는 순간처럼 "살아오길 잘했다. 태어나길 잘했다"라며 진심으로 기뻐한 순간이 있었을 것입니다. 앞으로도 분명히 있을 것이고요.

이처럼 '지금 이 순간'을 긍정하면 자신의 인생을 형성하는 한순간 한순간을 전부 긍정하게 됩니다. 바로 니체는 그렇게 말하고 있습니다. 이런 관점에서 보면 자존감이나 자신의 인생에 대한 긍정감을 얻는 것은 그리 어려운 일이 아닙니다. 지극히 행복한 지금 이 순간을 위해 고통이 많은 인생을 살아왔던 것이라고 생각하기 때문입니다. 즉, 지금 이 순간을 긍정하는 것은 지금까지 또는 앞으로 다가올 다사다난한 인생을 긍정하는 일입니다.

니체는 또 이런 이야기도 했습니다. "니힐리즘(허무주

의)의 세계에서는 사람이 목표를 향해 살아갈 힘을 상실한다. 그저 빙글빙글 돌아가는 시간 속에서 하루하루를 의미 없이 살아갈 뿐이다."

이 이야기만 들으면 무슨 말인가 싶겠지만, 니체는 그런 삶을 긍정하고 있습니다. 목적도 의미도 없이 영원히 되풀이되는 것을 적극적으로 받아들이는 일에 삶의 의미가 있다는 것입니다. 이것을 '영겁(영원) 회귀'라고 부르며, 그 안에서 자유롭게 목표를 정하고 새로운 가치를 만들어내는 인간을 '초인'이라고 불렀습니다.

아무리 괴롭고 힘든 일이 있어도 담담하게 받아들이고 "이것이 삶을 산다는 것 아닌가. 그렇다면 또 한번 힘내보자!"라며 진취적으로 살아가는 것. 이 자세가 중요하다는 말입니다.

2.

존재의 수레바퀴

일체는 가고 일체는 되돌아온다.

존재의 수레바퀴는 영원히 돌아간다.

일체는 죽고 일체는 다시 꽃 피운다.

존재의 해는 영원히 되풀이된다.

○ 니체, 『차라투스트라는 이렇게 말했다』

벗나무는 매년 봄이 되면 벚꽃을 피웁니다. 하지만 활짝 피자마자 지기 때문에 일주일만 지나도 꽃은 남아 있지 않습니다. 그리고 또 다음 해도, 그다음 해도, 10년, 20년, 100년 뒤에도 동일한 일을 반복합니다. 꽃은 져도 벗나무의 존재 자체는 생명 활동을 계속하고 있는 것입니다. 활기차게 살아가는 것은 모두 이 벚꽃과 같습니다. 인간 역시 개개인은 죽지만 인류의 존재는 침팬지 등의 유인원에서 분기된 순간부터 헤아려보아도 600만~700만 년 동안 '존재의 수레바퀴'가 돌아가고 있습니다.

지구가, 또는 우주가 가루가 되어버린다면 '존재의 수레바퀴'가 어떻게 될지 알 수 없지만, 그렇다 하더라도 이 수레바퀴가 돌아가는 시간은 매우 깁니다. 우리 인간은 모두 영겁의 시간 속에서 살아가고 있다고 해도 과언이 아닙니다.

시간의 흐름에 몸을 맡겨라

이렇게 보면 니체는 고대 인도 사상에 영향을 받았다는 것을 알 수 있습니다. '존재의 수레바퀴'는 영원히 돌아갑니다. 이 흐름은 인도의 겐지스강을 떠올리게 합니다. 인간은 천천히 흐르는 겐지스강의 흐름에 몸을 담

그면서 살고, 죽어서도 강물을 따라 흘러갈 뿐입니다. 시간을 초월해 생과 사가 되풀이되는 것이지요.

일본인은 이런 감각에 익숙합니다. 영혼이 산으로 되돌아간다는 신앙이 있기 때문입니다. 야나기다 구니오는 "산에 대한 신앙이 일본인 신앙의 기본에 자리하고 있다"라고 말했습니다. 강이든 산이든 자신을 둘러싼 커다란 존재는 모두 '존재의 수레바퀴'라고 말할 수 있습니다.

불교에서 말하는 '제행무상諸行無常'도 그렇습니다. 『헤이케모노가타리平家物語』의 첫 구절 "기원정사의 종소리는 제행무상의 울림이요"에 나오는 그 제행무상 말입니다. 이 말은 세상의 모든 것은 고정되어 있지 않고 변한다, 태어나면 소멸되고 소멸된 후에는 다시 태어나는 운명을 되풀이한다, 영원히 변하지 않는 것은 아무것도 없다는 의미입니다.

그야말로 '존재의 수레바퀴'는 영원히 돌아간다고 보는 것입니다. 불교와 관련해 또 하나, 유명한 일휴 선사가 수행승 시절에 읊어 이름의 유래가 되었다는 도가를 소개해보겠습니다.

> 유루로에서 무루로로 돌아가는 짧은 쉼 비야 올 테
> 면 와라. 바람아 불 테면 불어라.

여기서 '유루로有漏路'는 혼란과 번뇌로 가득한 속세를 의미하고, '무루로無漏路'는 잡념이 없는 깨달음의 세계를 가리킵니다. 일휴 선사는 "저 세계에서 와서 이 세계에 잠시 머물다가 저 세계로 돌아가는 것. 사람이 현세에서 보내는 시간은 정말 짧은 쉼에 불과하다. 비가 오든 바람이 불든 무슨 상관이냐. 깨달음의 경지에 있으면 번뇌로 고민할 일이 없다"라고 우리에게 말해주는 것입니다.

일휴 선사는 이미 깨달았을 것입니다. 정월에 해골을 들고 다니며 보여주었다고 하는데, 죽음을 잊지 말라는 뜻이었습니다. 자신은 끊임없이 생의 활동이 반복되는 긴 시간의 흐름 속에 존재한다고 깨달으면 세계가 확연히 넓어집니다.

자신을 포함한
모든 존재를 사랑하라

'존재의 수레바퀴'를 의식하면 사소한 일에 일희일비하지 않습니다. 조금 힘든 일이 있어도 시간이 지나면 괜찮을 것이라고 여유를 가질 수 있습니다. 그리고 자신을 사랑하는 일에도 커다란 확장이 일어납니다. 긴 시간의 흐름에 흔들리는 일체의 존재와 그들의 생명을 위한 활동이 사랑스러워지며 거기에 자기 자신도 함께 포함된 듯한 느낌을 받을 수 있습니다.

　말하자면『신약성경』에 나오는 '한 알의 밀알'처럼 자신을 포함한 '존재의 수레바퀴'를 사랑하는 일입니다.「요한복음」에 이렇게 나옵니다.

　　　내가 진실로 진실로 너희에게 이르노니, 한 알의 밀이 땅에 떨어져 죽지 아니하면 한 알 그대로 있고 죽으면 많은 열매를 맺느니라. 자기의 생명을 사랑하는 자는 잃어버릴 것이요. 이 세상에서 자기의 생명

을 미워하는 자는 영생하도록 보전하리라. 사람이

나를 섬기려면 나를 따르라. 나 있는 곳에 나를 섬기

는 자도 거기 있으리니 사람이 나를 섬기면 내 아버

지께서 그를 귀히 여기시리라.

_『신약성경』「요한복음」12장 24~26절

    이것은 예루살렘의 수도에 들어선 예수가 자신을 적대시하는 바리새파에게 죽임을 당할 것을 알고 제자들에게 한 말입니다. 예수가 말한 '한 알의 밀'은 바로 자기 자신을 의미합니다. 자신의 죽음으로 인류를 구원하고, 예수를 섬기는 자는 자신이 죽은 뒤에도 늘 자신과 함께하며 하나님께서 지켜주실 것이라고 말합니다.

    세상을 위해, 다른 사람들을 위해 유한한 생명을 바치는 것이 후세와 인류에 풍요로운 결실을 가져온다고 본 것입니다. 이처럼 넓은 시야를 갖고 자신의 생명을 바라보면 이 세상에 태어난 것 자체를 축복하지 않을 수 없습니다. 자신을 사랑하는 마음은 이렇듯 폭넓은 시야 속에서 생기는 것입니다.

3.

최고의 죽음

죽을 때도 거기에는

그대들의 정신과 그대들의 덕이

환하게 불타올라야 한다.

대지를 감싸는 석양처럼. 그렇지 않다면

그대들의 죽음은 실패한 것이다.

○ 니체, 『차라투스트라는 이렇게 말했다』

사람은 나이가 들어 죽음을 맞이합니다. 죽음을 향해 체력도, 정신력도, 외모도 모든 것이 쇠약해져간다는 것입니다. 하지만 차라투스트라가 말하는 죽음은 '실로 멋지다'라고밖에 표현할 길이 없습니다. 정신과 덕이 대지를 감싸는 석양처럼 환하게 불타오르다니 이보다 멋진 죽음이 또 어디 있을까요?

강렬하게 빛나는 석양의 사진을 찍어서 니체의 아포리즘과 함께 액자에 담아 보관하고 싶을 정도입니다. 생각해보면 운동선수의 은퇴와 비슷한 느낌입니다. 스포츠를 좋아하는 저는 항상 WBC에서 활약한 오타니 선수나 복싱계의 이노우에 선수가 은퇴할 때 분명 대지를 감싸는 석양처럼 그들이 빛날 것이라고 믿습니다. 축구 선수 리오넬 메시도 마찬가지입니다. 전 세계 사람들이 메시에게 월드컵 우승 트로피를 안겨주고 싶어 했습니다(실제로 2022 카타르 월드컵에서 메시가 속한 아르헨티나가 우승했다—편집자). 이런 메시가 은퇴할 때도 분명 대지를 감싸는 석양처럼 밝게 빛나지 않을까요.

물론 니체가 반드시 유명인이나 대단한 사람의 죽음에 관해 이야기한 것은 아닙니다. 죽을 때 정신과 덕이 함께 불타오르지 않는다면 그대들의 죽음은 실패한 것이라고 말하고 있으므로 우리 한 사람 한 사람도 그래야만 한다는 이야기입니다. 그저 나이가 들었기 때문에 죽어서는 안 된다며 격려하고 있는 것입니다. 그런데 어떻게 하면 이렇게 멋진 죽음을 실현할 수 있을까요?

죽음의 순간까지
최선을 다해 살아가는 각오

예로부터 종교와 철학은 죽음에 관한 다양한 사고관을 보여주었습니다. 기독교에서는 죽음이란 영혼이 육체에서 벗어나는 것을 의미하고, 죽은 뒤 신자들의 영혼은 천국으로, 신을 믿지 않는 자들의 영혼은 저세상으로 간다고 했습니다. 여기서 '저세상'은 지옥이 아니라, 아무것도 갖지 못한 '벌거벗은 자신'으로 되돌아가는 것을 말합니다. 그리고 영혼은 누구 하나 차별 없이 똑같이 이 세상의 마지막에 신의 심판을 받게 된다고 말합니다. 이른바 '최후의 심판'이지요. 이를 통해 선인은 천국에서 영원한 축복을 받고 악인은 지옥에서 영원히 벌을 받는다고 여겨져왔습니다.

또 불교에서는 인간의 혼은 다시 태어나면서 '육도六

道'라는 여섯 개의 세계를 빙글빙글 돈다는 윤회 사상을 설파합니다. 어느 세계에서 다시 태어날지는 전생의 행동에 따라 달라집니다. 가장 좋은 것이 천계이고, 가장 좋지 않은 것이 지옥계입니다. 하지만 덕을 쌓고 윤회를 초월하면 정토라는 극락세계로 갈 수 있다고 이야기합니다(종파에 따라 조금씩 다르긴 합니다).

기독교나 불교 모두 사람이 죽으면 천국이나 극락, 정토 등의 멋진 장소로 갈 가능성이 있다니 그리 나쁘지는 않은 것 같습니다. 하지만 니체는 종교가 여러 형태로 제안하는 '피안彼岸'이 존재한다고 믿지 않습니다. 죽을 때 정신과 덕德이 환하게 불타오르는 그런 삶을 살라고 말할 뿐입니다.

다시 말해, 니체는 "죽는 것이 두렵다. 고통스럽게 죽는 것이 싫다며 고민하거나, 죽으면 극락에 가고 싶다고 바랄 틈이 있다면 인생을 더욱 충실하게 살기 위해 노력하라. 살아 있는 한 스스로가 지향하는 바를 향해 최선을 다해 살아라. 그리고 자신의 힘으로 멋진 '죽음의 순간의 세계'를 만들어내라"라고 조언하고 있는 듯합니다. 한마디로 "끝까지 잘 살라"라는 말입니다.

또 차라투스트라는 스스로가 바라는 죽음에 대해 이렇게 이야기합니다.

> 그대들이 나의 죽음을 접하고 덕분에 드디어 대지에 대한 사랑을 심화시킬 수 있도록 그렇게 죽고 싶다. 나는 다시금 대지의 일부가 되어, 나를 낳은 이 어머니의 품에서 안정을 얻고 싶다. 실로 차라투스트라는 하나의 목적이 있었다. 그는 자신의 공을 던졌다. 자, 그대들 벗이여, 내 목적의 상속자가 되어라. 그대들을 향해 나는 황금빛 공을 던지리니.
>
> _니체, 『차라투스트라는 이렇게 말했다』

한 알의 밀과 마찬가지로 차라투스트라 역시 자신이 죽은 후에도 후세 사람들이 뜻을 이어줄 것을 바라고 있습니다. 그렇지 못하면 자신의 죽음은 실패한 것이 된다고까지는 말하지 않았지만, 그 정도의 마음이 담겨 있는 것으로 보입니다.

4.

힘에의 의지

생이 있는 곳에 의지도 있다.

하지만 그것은 삶에의 의지가 아니니,

나는 그대에게 가르치노라.

그것은 힘에의 의지다.

○ 니체, 『차라투스트라는 이렇게 말했다』

'힘에의 의지'라는 말은 니체의 사상을 이해하는 데 매우 중요한 키워드입니다. 앞서 삶이 있는 곳에만 의지도 있다고 말했습니다. 반대로 말하면 삶이 없는 곳에는 의지도 없다는 이야기입니다. 가령, 돌이나 바위, 모래 같은 것에 의지가 있다고 생각하기는 힘듭니다. 성장하고 싶다거나 살고 싶다는 의지를 느낄 수 없기 때문입니다.

하지만 생물의 경우 길가에 피어 있는 잡초라 할지라도 분명한 의지가 느껴집니다. 햇빛을 받으면서 등을 곱게 펴고, 땅속에 뿌리를 제대로 내리고 수분과 영양분을 흡수하면서 생명을 유지합니다. 딱딱한 아스팔트를 뚫고 싹을 틔우고, 꽃가루를 바람에 날리거나 곤충이 옮기도록 하면서 자손을 번성시킵니다. 이런 모든 활동에서 살기 위한 의지가 드러납니다.

진화의 관점에서 생물을 살펴볼까요. 기린은 숲에서 초원으로 나온 뒤로 몸을 숙이지 않고 물을 마실 수 있도록, 또 다른 동물에게는 닿지 않는 높은 곳의 나뭇잎을 먼저 먹을 수 있도록 기나긴 시간에 걸쳐 목이 길어졌다고 합니다. 목이 짧은 기린은 생존에 불리하므로 멸종하고, 환경에 적응해 돌연변이를 거듭하면서 긴 목을 획득한 기린은 살아남았습니다. 목이 긴 기린에게는 생존의 강한 의지가 있었다고 볼 수도 있습니다.

지금 살아 있는 동식물은 모두 기린과 마찬가지로 계

속 변화하는 지구 환경에 적응하면서 돌연변이를 통해 진화를 거듭해온 것들입니다. 그런 의미에서 모든 생물에 '삶에의 의지'가 있다고 할 수 있습니다. 다만, 니체는 '삶에의 의지'뿐만 아니라 '힘에의 의지'라고 표현했습니다. 이 표현은 어떤 의미를 담고 있을까요?

'힘에의 의지'를
실감해보는 방법

앞서 소개한 니체의 말 바로 앞에는 다음과 같은 문장이 있습니다.

> 아직 존재하지 않는 것은 욕망할 리가 없다. 또 이미 존재하고 있는 것이 더욱 존재와 생존을 욕망하는 일은 있을 수 없다.
>
> _니체, 『차라투스트라는 이렇게 말했다』

아직 존재하지 않는 것에는 당연히 살고자 하는 의지가 없습니다. 반면에 이미 존재하는 것은 살고자 하는 의지를 가질 필요도 없이 존재하고 있습니다. 그래서 살기 위해서는 삶에의 의지가 필요하지 않습니다. 그보다는 살아남기 위한 강한 힘을 원하는 '힘에의 의지'를 다지는 것이 중요합니다. 니체는 아마 이렇게 말하고 싶었을 것입니다.

그렇다면 무기력하게 사는 것처럼 보이는 사람이라도 사실은 '힘에의 의지'를 지니고 있다고 볼 수 있을 법도 합니다. 여기서 '힘에의 의지'를 조금 더 의식하면 신기하게도 '힘에의 의지'를 여럿 발견할 수 있습니다. 설령 스스로 의지력이 없다고 생각하는 사람이라도 말이지요.

거창하게 생각할 것 없습니다. 가령, 예뻐지고 싶거나 멋있어지고 싶어 하는 사람은 그렇게 됨으로써 이성에게 인기를 얻고 그것을 무기로 삼아 이성 운이 좋은 인생을 살 수 있을지도 모릅니다. 일류 기업에서 근무하고 싶거나 출세하고 싶은 사람은 입신양명을 통해 조직과 사회에서 발언력을 획득하고 리더로 살 수 있습니다. 맛있는 것을 많이 먹고 싶다며 음식 욕심을 가진 사람은 튼튼한 육체를 갖게 되어 건강하게 오래 살 수 있습니다. 이러한 사소한 욕구든 말도 안 되게 엉뚱한 욕심이든 무언가를 원하는 것은 '힘에의 의지'로 이어집니다.

어떤가요? 여러분에게도 다소나마 '힘에의 의지'가 있다는 것을 실감하지 않았나요?

욕심을 갖는 것이 좋다

현실에서 "욕심부리지 말라"라는 말을 들으면 왠지 힘이 빠집니다. 특히 종교에서 금욕을 권장하는 가르침을 접하면, 최악의 경우 살아 있는 동안 실제로 아무것도 갖지 못할 수 있습니다. 붓다의 가르침만 해도 그렇습니다. 저는 붓다를 좋아하긴 하지만, 너무 "버려라, 내려놓아라"라고 하니 더러는 근본적으로 살아갈 기력을 잃어버리는 사람도 있지 않을까 걱정스럽습니다. 특히 최선을 다해 열심히 사는 사람은 더욱 그렇습니다.

사실 붓다는 그래도 괜찮았습니다. 이렇게 말해 조금 그렇지만, 붓다는 왕자로 태어났고 젊어서 결혼해 가족도 있고 세상의 많은 부귀영화가 손에 들어오는 상태에서 시작했기 때문에 아무렇지 않게 버릴 수 있는 것들이 많았습니다. 게다가 자신의 의지로 버리는 것이니 아무런 망설임도 없었을 테지요.

이런 부분이 일반인과는 다릅니다. 우리는 욕심이 과해지지 않도록 주의하면서도 삶에 대한 의욕을 어느 정도 발휘하는 편이 적절합니다. 기독교에서는 모든 것을 신에게 바치는 정신을 바탕으로 근면하게 일하는 동시에 금욕을 추구합니다. 극단적으로 말하면 돈을 많이 벌어도 사치하기 위해 낭비하는 것이 허용되지 않습니다. 이 경우에도 스트레스가 쌓일 것 같습니다. 내가 무엇을 위해 일하는 건가 불평이 생길 수도 있고 어쩌면 삶에 대한 의지마저 저하될 수도 있습니다.

이렇게 생각하면 여러 가지 욕심, 다시 말하면 '힘에

의 의지'를 자기 안에서 느낄 때 힘이 나는 것 같습니다. 니체는 사람이 본래 가진 잠재력과 가능성을 억압하는 행위에 아주 강하게 반발했습니다. 그래서 더 강해지고 싶고, 더 능력을 키우고 싶고, 더 아름다워지고 싶은 의욕적인 사람에게 "신 앞에서 그렇게 욕심을 드러내는 것은 불손하다"라며 행동을 제한하는 사람들을 싫어했지요. 또 "모난 돌이 정 맞는다"까지는 아니지만 뛰어난 재능의 소유자를 질투해 발목을 잡거나 견제하는 사람들도 매우 혐오했습니다.

만약 니체가 오늘날에 살아 있었다면 전대미문의 수준으로 이도류에 도전하는 오타니 선수를 두고 "힘에의 의지가 대단하다"라며 칭찬했을 것입니다. 동시에 오타니 선수에게 "투수나 타자 한 가지만 골라라", "두 마리 토끼를 쫓다가는 하나도 놓치기 쉬우니 욕심을 적당히 부려라"라고 말하는 사람에게는 힘에의 의지를 모독한다며 꾸짖었을 것 같습니다.

5.

공격적인 용기

용기는 최선의 살해자.

공격하는 용기는 죽음도 무너뜨린다.

즉, 용기는 이렇게 말하는 것이다.

"이것이 삶이란 말인가? 그래, 그렇다면 한 번 더."

○ 니체, 『차라투스트라는 이렇게 말했다』

여러분은 지금의 삶을 한 번 더 살고 싶은가요? 만약 다음 생이 있어서 다른 인생을 살고 싶다고 생각한다면, 아직 과거의 모든 것을 긍정하고 영원히 지속되기를 바랄 멋진 기쁨의 순간이 찾아오지 않은 것일지도 모르겠습니다.

지금껏 많이 괴로워하고 고통을 맛보고 여러 어려움을 겪어왔습니다. 즐거운 시간보다도 괴로운 시간이 훨씬 길었습니다. 그런 나날이 쌓이고 쌓여 오늘의 내가 있는 것입니다. 하지만 사실 이렇게 생각하기가 쉽지 않습니다. 오히려 과거를 없었던 일로 만들고 싶다는 마음이 더 강할 것입니다.

이런 식으로 좋은 일이든 나쁜 일이든 모두 받아들이지 못한다면 아직 죽고 싶지 않다는 증거입니다. 인생에 미련이 가득 남아 있는 것이지요. 자기다운 강한 마음으로 최선을 다해 살지 못한 것입니다. '죽어도 좋아. 인생이란 무엇인지, 얼마나 멋진 것인지 잘 알았다. 다시 한번 똑같은 인생을 살아보고 싶다'라는 생각이 들 때 비로소 깔끔하게 죽을 각오가 생깁니다. 그리고 다시 한번 똑같은 인생에 도전해보려는 '공격적인 용기'가 생겨납니다.

부조리의 영웅 시시포스

다시 한번 도전하는 정신을 그린 작품으로 알베르 까뮈의 『시시포스 신화』를 소개해보겠습니다. 시시포스는 그리스신화에 등장하는 인물로 죽음의 신 타나토스를 속이고 신들의 반감을 사는 바람에 지옥에 유폐됩니다. 그가 받은 형벌은 쉼 없이 돌을 굴려 산꼭대기까지 옮기는 일인데, 거기서 끝이 아닙니다. 산 정상에 도달하면 어김없이 돌이 제 무게를 이기지 못하고 다시 굴러 떨어져버립니다.

무익하고 희망 없는 노동만큼 무서운 징벌은 없다고 여긴 신들의 생각은 정확했습니다. 이런 '끝없는 형벌'은 그야말로 지옥의 고통이라고밖에 표현할 길이 없습니다. 하지만 시시포스는 이 부조리한 운명에 쓰러지는 나약한 인간이 아닙니다. 부조리를 자신이 선택한 운명으로 적극 받아들이고, "그래, 다시 한번. 그래, 다시 한번" 하며 돌을 옮겼습니다. 이 작품의 마지막은 다음의 문장으로 끝이 납니다.

나는 시시포스를 산기슭에 남겨둔다. 우리는 언제나 거듭 자신의 무거운 짐을 발견해낸다. 하지만 시시포스는 신들을 부정하고 바위를 들어 올리는 고귀한 성실을 가르쳐준다. 또한 그는 모두 다 좋다고 판단한다. … 산꼭대기를 향한 투쟁, 단지 그것만으로도 인간의 마음을 채우기에 족하다. 시시포스는 행복하다고 생각해야 한다.

_알베르 까뮈, 『시시포스 신화』

시시포스에게 차라투스트라가 말하는 "기쁨의 한순간"이 있었을 거라고는 생각하기 힘들지만, 그는 부조리를 받아들임으로써 부조리에 승리했다는 행복을 얻었습니다. 다시 말해 '부조리의 영웅'이 된 것입니다.

운명에 맞서 싸우는 자세에서 시시포스의 내면에 자리한 '공격적인 용기'가 느껴집니다. 참고로 이 작품에는 소포클레스의 그리스 비극 『오이디푸스 왕』의 주인공 오이디푸스에 관해 언급한 구절이 나옵니다. "나는 모두 괜찮다고 판단한다"라는 오이디푸스의 말을 '부조리한 정신에 있어 그야말로 경이로운 말'이라고 본 것입니다.

『오이디푸스 왕』은 기원전 430년경 고대 그리스에서 상연된 희곡입니다. 간략히 줄거리를 소개해보겠습니다. 이야기의 무대는 테베라는 나라입니다. 이곳에 오이디푸스가 찾아옵니다. 그는 사실 이 나라의 왕자이지만 그 사실을 알지 못하고 자랐습니다. 부왕 라이오스가 태어나는 사내아이의 손에 살해당할 것이라는 신탁을 받은 탓에 오이디푸스는 태어나자마자 산속에 버려졌기 때문입니다.

버려졌지만 목숨을 부지한 운명의 아이 오이디푸스는 십수 년 후 그의 아버지 라이오스를 아버지인지 알지 못한 채 살해하게 됩니다. 그 후 조국 테베 국왕의 자리에까지 오른 오이디푸스는 친어머니라는 사실을 모르고 선왕의 왕비를 취합니다. 아버지를 살해한 것도, 어머니와 정을 통한 것도 모두 알지 못하고 한 일입니다.

하지만 결국에 오이디푸스 왕은 진실을 알게 되고 절

망합니다. 그리고 제 손으로 두 눈을 찔러 눈을 멀게 만듭니다. 운명에서 벗어나려야 벗어나지 못하고 수렁에 빠져버렸지만, 최후에는 모든 운명을 받아들이고 모두 괜찮다고 선언한 것입니다.

이런 비극적인 운명을 지닌 이가 또 있을까요? 그런데도 오이디푸스 왕은 모두 괜찮다고 받아들였습니다. 그에 비하면 우리의 불운이나 불행쯤은 사소하게 여겨지지 않나요?

운명에 맞서라!

운명을 긍정하는 것과 운명에 안주하는 것은 비슷해 보이지만 완전히 다릅니다. 후자에는 왠지 모르게 운명을 받아들이고 싶지 않지만 저항하지 못해 어쩔 수 없는 뉘앙스가 있습니다. 반면, 운명을 긍정한다고 하면 주어는 '나'가 됩니다. 자신의 의지로 운명을 받아들이는 것이니, 맞서는 이미지에 가깝습니다. 차라투스트라의

'공격적인 용기'도 이와 통하는 면이 있습니다.

본래 자기 운명의 좋고 나쁨을 결정하는 것은 자기 자신입니다. 반대로 말하면 자신이 어떻게 받아들이느냐에 따라 운명의 좋고 나쁨이 결정된다고 볼 수 있습니다. 주위에서 아무리 불행하다, 불쌍하다, 불운하다고 해도 스스로가 이 운명을 선택한 것은 바로 '나'라는 생각으로 진취적으로 맞설 마음이 있다면 그것은 훌륭한 운명입니다.

가령, 장애가 있는 자녀를 둔 부모는 그 운명을 저주할까요? 저는 그렇게 생각하지 않습니다. 모두 장애가 있는 자녀를 열심히 아끼고 사랑합니다. 태어나지 않았으면 좋았을 것이라는 생각 따위는 털끝만큼도 하지 않습니다. 태어나줘서 고맙다고 하며, 가족이 힘을 모으고 주위의 도움을 빌립니다. 이 아이를 어떻게든 행복하게 해주겠다, 그러기 위해 무엇인들 못하겠느냐라는 마음으로 육아에 최선을 다합니다. 저는 이런 강인함은 '운명과 맞서면서' 길러지는 것이라고 생각합니다.

한순간을 영원으로
여기는 감성

마지막으로 '한순간을 영원처럼 여긴다'는 말이 어떤 의미인지 생각해보세요. 평범하게 살다 보면 그것이 어떤 순간인지 다소 이해하기 힘들지도 모릅니다. 하지만 시인은 이런 감성을 갖고 있습니다. 아르튀르 랭보의 「지옥의 계절」이라는 시에는 이런 구절이 나옵니다.

> 또 찾았다
> 무엇을, 영원을
> 바다와 하나 되는 태양을

앞서 '최고의 죽음'에서 소개한 차라투스트라의 말과 공명하는 듯한 강렬한 구절입니다. '영원이라고 생각되는 한순간'이 이런 느낌일지도 모릅니다. 가슴이 두근거리는 멋진 무언가를 만났다면 심상 풍경을 그려보세요. 그곳에 태양이 강렬하게 빛나고 있다면 틀림없이

'영원으로 여겨질 한순간'일 것입니다.

또 '영원으로 여겨진다'는 어감에서 그런 순간이 평생에 한 번이라고 생각할 수도 있지만, 꼭 그렇지만은 않습니다. 한순간이 영원으로 여겨지는 감성을 갖추는 것 자체가 중요합니다.

차라투스트라의 명언을 하나 더 소개하고 글을 마치겠습니다.

> 그대들 영원한 자들이여, 세계를 사랑하라, 영원히 그리고 부단히.
> 고통을 향해서도 '사라져라, 하지만 돌아오라'라고 말하자. 모든 기쁨은 영원을 바라기 때문이다.
> _니체, 『차라투스트라는 이렇게 말했다』

⟨Friedrich Nietzsche⟩, Curt Stoeving, 1894

생이 있는 곳에만 의지도 있다.

하지만 그것은 삶에의 의지가 아니니,

나는 그대에게 가르치노라.

그것은 힘에의 의지다.

○ 니체, 『차라투스트라는 이렇게 말했다』

'북극성'과 같은 니체의 말

앞서 「들어가는 말」에서도 언급했지만 니체의 말은 일종의 '극약'입니다. 그런데 이 극약 처방은 특히 오늘날을 살아가는 우리들에게 필요하다고 생각했습니다. SNS로 자기 인정 욕구를 채우느라 혈안이 되고 스스로 자존감을 느끼지 못하는 사람들을 보면서 저는 이 책을 집필하게 되었습니다.

제게 니체의 말은 '북극성'과도 같습니다. 언제나 곁에 있으면서도 내가 어디로 가야 할지 고민할 때 이끌어주는 존재 말입니다. 이 방향으로 가면 된다고 알려주는 존재입니다. 이런 존재가 있기에 어떤 상황에서도 나 자신을 사랑하고 긍정할 수 있었습니다. 자신을 사랑할 수 있으니 타인을 사랑하고 그 밖의 모든 것을 사랑하고 세계를 통째로 사랑할 수 있습니다.

모든 것은 나를 사랑하는 자존감에서 시작해 확장되는 법입니다. 자신을 사랑하면 불안한 마음이 들거나 자존감을 상실할 틈이 없습니다.

이 책을 기획할 때만 해도 니체의 말을 몇 가지 추려서 소개할 생각이었습니다. 그런데 쓰다 보니 어떤 말을 골라야 좋을지 모를 만큼 많은 말이 눈에 들어왔습니다. 이렇게 멋대로 에너지가 끓어오르게 만드는 것이 바로 니체의 말이 가진 힘입니다.

마지막으로 「나오는 말」에서도 한 번 더 니체의 말을 소개하고자 합니다.

고귀한 영혼은 무언가를 무상으로 얻으려 하지 않는다. 하물며 생을 무상으로 얻으려는 생각은 하지 않는다.

_니체, 『차라투스트라는 이렇게 말했다』

생이 우리에게 약속하는 바 그것을 우리가 생에 다

하도록 하자.

_니체, 『차라투스트라는 이렇게 말했다』

이 책 『니체의 자존감 수업』을 통해 독자 여러분이
자신을 진정으로 사랑하고 긍정하게 되어 살아가는 데
힘과 용기를 얻기를 진심으로 기원합니다.

사이토 다카시

주요 참고 문헌

ニーチェ著、木場深定訳 『善悪の彼岸』 (岩波文庫)

ニーチェ著、信太正三訳 『悦ばしき知識』 (ちくま学芸文庫「ニーチェ全集」8)

ニーチェ著、杉田弘子・薗田宗人訳 『ニーチェ全集 第六巻 (第Ⅱ期)』 (白水社)

ニーチェ著、薗田宗人訳 『ニーチェ全集 第七巻 (第Ⅱ期)』 (白水社)

ニーチェ著、手塚富雄訳 『この人を見よ』 (岩波文庫)

ニーチェ著、手塚富雄訳 『ツァラトゥストラ』 (中公文庫)

ニーチェ著、森一郎訳 『愉しい学問』 (講談社学術文庫)

エーリッヒ・フロム著、日高六郎訳 『自由からの逃走』 (東京創元社)

カミュ著、清水徹訳 『シーシュポスの神話』 (新潮文庫)

ゲーテ作、相良守峯訳 『ファウスト』 全二部 (岩波文庫)

ちばてつや 『あしたのジョー』 全二十巻 (講談社コミックス)

塚本虎二訳 『新約聖書 福音書』 (岩波文庫)

ドストエフスキー著、原卓也訳 『カラマーゾフの兄弟』 (新潮文庫)

武論尊原作、原哲夫漫画 『北斗の拳』 全二十七巻 (ジャンプコミックス)

ポール・モラン著、山田登世子訳 『シャネル 人生を語る』 (中公文庫)

ミシェル・フーコー著、田村俶訳 『監獄の誕生』 (新潮社)

宮本武蔵著、佐藤正英校注・訳 『五輪書』 (ちくま学芸文庫)

吉田松陰著、古川薫全訳注 『吉田松陰 留魂録』 (講談社学術文庫)

ランボー著、小林秀雄訳 『地獄の季節』 (岩波文庫)

ロマン・ロラン著、片山敏彦訳 『ベートーヴェンの生涯』 (岩波文庫)

※ 도서의 경우 여러 문고 등에 수록되어 있는 작품이 다수 있습니다.

옮긴이 **황미숙**

이와이 순지 감독의 영화들이 계기가 되어 시작한 일본어로 먹고사는 통번역사. 늘 새롭고 다양한 분야를 넘나들며 즐거움과 깨달음을 얻고, 항상 설레는 인생을 꿈꾼다. 경희대 국어국문학과를 졸업하고, 한국외국어대학교 통번역대학원 일본어과에서 석사 학위를 취득했다. 현재 번역 에이전시 엔터스코리아 출판기획 및 일본어 전문 번역가로 활동하고 있다.

역서로는 사이토 다카시의 『단독자』, 『어른의 말공부』, 『책 읽는 사람만이 닿을 수 있는 곳』, 『인생을 바꾸는 듣는 법 말하는 법』, 『타임 콜렉터』 등이 있고, 이 밖에도 『영화를 빨리 감기로 보는 사람들』, 『진작 이렇게 말할걸』, 『돈을 부르는 말버릇』, 『횡설수설하지 않고 정확하게 설명하는 법』, 『백만장자 아웃풋』 등 다수가 있다.

니체의
자존감 수업

1판 1쇄 발행 2024년 7월 26일
1판 5쇄 발행 2024년 10월 30일

지은이 사이토 다카시
옮긴이 황미숙
발행인 박명곤 **CEO** 박지성 **CFO** 김영은
기획편집1팀 채대광, 김준원, 이승미, 김윤아, 백환희, 이상지
기획편집2팀 박일귀, 이은빈, 강민형, 이지은, 박고은
디자인팀 구경표, 유채민, 윤신혜, 임지선
마케팅팀 임우열, 김은지, 전상미, 이호, 최고은

펴낸곳 (주)현대지성
출판등록 제406-2014-000124호
전화 070-7791-2136 **팩스** 0303-3444-2136
주소 서울시 강서구 마곡중앙6로 40, 장흥빌딩 10층
홈페이지 www.hdjisung.com **이메일** support@hdjisung.com
제작처 영신사

ⓒ 현대지성 2024

"Curious and Creative people make Inspiring Contents"
현대지성은 여러분의 의견 하나하나를 소중히 받고 있습니다.
원고 투고, 오탈자 제보, 제휴 제안은 support@hdjisung.com으로 보내 주세요.

현대지성 홈페이지

이 책을 만든 사람들
기획·편집 박일귀 **디자인** 구경표